版权声明

MANUAL 1: *Using Pivotal Response Treatment to Teach First Words to Children with Autism*

MANUAL 2: *Pivotal Response Treatment: Using Motivation as a Pivotal Response*

MANUAL DATA SHEET PACKAGE: *Teaching First Words 1: Daily Data Sheet*

by Lynn Kern Koegel

© Koegel Autism Consultants

All rights reserved. Authorized translation from the English language manuals by Koegel Autism Consultants, LLC. Responsibility for the accuracy of the translation rests solely with China Light Industry Press Ltd. / Beijing Multi-Million New Era Culture and Media Company, Ltd. and is not the responsibility of Koegel Autism Consultants. No part of this book may be reproduced in any form without the written permission of the original copyright holder, Koegel Autism Consultants, LLC.

保留所有权利。非经中国轻工业出版社"万千心理"书面授权，任何人不得以任何方式（包括但不限于电子、机械、手工或其他尚未被发明或应用的技术手段）复印、拍照、扫描、录音、朗读、存储、发表本书中任何部分或本书全部内容，以及其他附带的所有资料（包括但不限于光盘、音频、视频等）。中国轻工业出版社"万千心理"未授权任何机构提供源自本书内容的电子文件阅览、收听或下载服务。如有此类非法行为，查实必究。

Pivotal Response Treatment: Level 1–3

教自闭症孩子开口说话
应用关键反应训练

[美] Lynn Kern Koegel 著

赵雪莲 译

图书在版编目（CIP）数据

教自闭症孩子开口说话：应用关键反应训练／（美）琳恩·科恩·凯格尔（Lynn Kern Koegel）著；赵雪莲译．—北京：中国轻工业出版社，2019.2（2023.7重印）
ISBN 978-7-5184-2255-5

Ⅰ．①教… Ⅱ．①琳… ②赵… Ⅲ．①孤独症-言语障碍-儿童教育-特殊教育-研究 Ⅳ．①G766

中国版本图书馆CIP数据核字（2018）第281992号

责任编辑：刘　雅
策划编辑：刘　雅　　　　责任终审：杜文勇
责任校对：刘志颖　　　　责任监印：吴维斌

出版发行：中国轻工业出版社（北京东长安街6号，邮编：100740）
印　　刷：三河市鑫金马印装有限公司
经　　销：各地新华书店
版　　次：2023年7月第1版第6次印刷
开　　本：880×1230　1/32　印张：4.375
字　　数：45千字
书　　号：ISBN 978-7-5184-2255-5　定价：32.00元
读者热线：010-65181109，65262933
发行电话：010-85119832　传真：010-85113293
网　　址：http://www.chlip.com.cn　http://www.wqedu.com
电子信箱：1012305542@qq.com
如发现图书残缺请拨打读者热线联系调换
231848Y2C106ZYW

译者序

记得我还在大学读心理学时，曾通过做志愿者的机会，第一次接触到了自闭症儿童。回去找资料的时候，我才发现这个群体的数量并不算少。然而，国内不管是在大众的正确科普、确诊、科学干预，还是在国家政策、服务支持上，都做得太不足了。

后来，我便因此契机，申请去了美国学习特殊教育专业。我们在学习和教学的过程中，秉持着一个核心理念，就是"有实证支持的"——使用有科学依据的方法，帮助那些需要额外支持的群体。这一点也是我回国之后，借助"殊心[1]"这个平台想带给大家的理念。我知道不管是家长还是老师，在刚刚接触自闭症（或者任何其他需要额外支持）的孩子时都是茫然的，但是您要知道，这个领域的研究已经

---

[1] 是指北京殊心文化传播有限公司。——译者注

进行了好几十年,虽然我们仍旧不清楚这些障碍的确切病因,可在干预方法上,我们已是有所成就了。

因此,请家长千万不要抱有侥幸心理,认为万一有什么手术和药物对我的孩子有效,岂不是万事大吉。请不要浪费孩子的时间和自己的金钱,而是真正静下心来了解您的孩子,他的本质是什么,您可以如何提供支持。

在对自闭症谱系障碍(autism spectrum disorder, ASD)这个群体进行的干预里,有实证支持的方法就只有寥寥数种,其中一种就是本书所阐述的"关键反应训练(pivotal response treatment, PRT)"。我在初接触、了解PRT时,就很认可它的理念:运用行为学的原则,在自然情境中教授功能性的语言和技能,强调孩子的动机。虽然也有一些干预方法被证实是有效的,但是它的过程却很无趣。PRT的提倡者们认为,加入动机元素之后,干预环节会更有乐趣,孩子会更有动力参与,学习的机会自然也会更多,学习成果也会更好。事实上,也的确如此。

相信做教育的人都知道,通过调整教学内容和形式,融入孩子的兴趣,使他们投入于学习,才是好的教育。这一点,对于特殊教育也是一般无二。PRT就很好地做到了这一点,但可惜在国内还没有普及开来。在美国,PRT官方培训共分为五个级别,每个级别需循序渐进,不可跳级。为了将这套实证有效的自闭症干预方法介绍给更多的家长和老师,北京殊心文化传播有限公司和PRT的创始人团队——凯格尔自闭症中心(Koegel Autism Center)建立了长期合作，将PRT培训引进到中国，以持续对国内的家长和老师提供系统的培训、支持和认证。关于PRT的其他信息，您可以通过本书或者"殊心"的PRT官方培训获得更深入的理解。

本书适用于正在接受一到三级PRT培训的读者，以及想要了解PRT干预程序和教授孩子初语的家长和老师。书的内容分三个部分，第一部分介绍了PRT的发展历程、理论基础、动机程序和多重线索等；第二部分阐述了如何运用PRT的动机程序教孩子开口说话，也就是如何教授孩子初语（first words）；第三部分则提供了实用的数据记录表格，供您在操作过程中记录孩子的行为数据，以便更直观地了解孩子的成长。

对于正在接受PRT一到三级培训的读者而言，这本书作为您学习和补充阅读的材料太适合不过了。这些册子和图表均为PRT创始人及其团队所写，也是他们在美国培训PRT时所使用的材料。作者非常贴心地应用了大量的案例进行说明，对于执行PRT过程中可能产生的疑问，也都无一遗漏地给出了详尽的答案。相信这本书会是您学习和运用PRT的重要参考资料。

PRT的四、五级培训内容中还包含如何培养自闭症个体的主动发起、社交和自我管理能力，以及认识问题行为的本质等内容。这些内容本书并不涉及，但在另一本《教自闭症孩子主动发起和自我管理》的书里会进行详细阐述，届时有需要的读者可以参阅。

对于自闭症孩子的家长或者老师来说，这本书可能会带来更为实际的作用和价值。首先，我们都知道初语教学是自闭症干预的一大难题，但这也是绝不可轻易放弃的干预目标，因为语言对于个体的社交和沟通实在太过重要。研究显示，如果自闭症的孩子还不到3岁，那他通过接受有效的PRT干预学会说话的比率高达95%；如果孩子是3—5岁，这个比率约为85%～90%；如果孩子大于5岁，这个比率则会有大幅度地降低。所以，我们需要选择实证有效的干预方法，并且尽早开始干预。

其次，本书所述的PRT动机程序不仅可以帮助自闭症儿童获得初语（这是本书的主题），还可以帮您的孩子获得简单的生活自理技能、沟通技能、社交技能以及学习技能。作者在介绍PRT动机程序的时候，穿插了很多相关领域的应用和案例，让家长在学习理论技巧的同时，也能了解它在实践中的应用。书中还附有正确和错误的案例解析，针对性的疑难解答，以及实用的图表，这些都有助于家长和老师们正确地学习和运用PRT。

最后，本书虽然教授了很多非常实用的技巧，但是篇幅却不长，您不需要花很多时间就可以学习到这些方法，然后在实践中应用起来。而且，PRT技术所重视的自然环境教学和动机程序，也非常适合在孩子的生活环境中执行，不需要您额外腾出时间和空间进行干预，对营造积极的亲子或师生关系也有很大的帮助。

最后的最后，在这篇序言的结尾处，说一点我的感悟：

您首先得成为一个更好的家长或更好的老师,才能让孩子更好地成长。只要您努力,并且选择的是实证有效的方法,孩子就一定会变得更好,请相信孩子的潜力,不要放弃!

赵雪莲

目 录

第一部分　关键反应训练 …………………………………… 1

第一章　关键反应训练概述 ……………………………… 3
　　　　什么是PRT？ …………………………………… 5
　　　　自然环境中的干预 ……………………………… 8
第二章　动机和多重线索 ………………………………… 9
　　　　动机 ……………………………………………… 13
　　　　多重线索 ………………………………………… 42
第三章　归纳 ……………………………………………… 47
第四章　难点解答 ………………………………………… 49
　　　　总结 ……………………………………………… 51

参考文献 ……………………………………………………… 53

第二部分　应用动机程序教授自闭症孩子初语 …………57

第五章　现场检验 ……………………………………59

　　　　　这部分内容适合谁？……………………………60

　　　　　为什么选择PRT？………………………………61

　　　　　PRT的背景？……………………………………63

第六章　准备工作 ……………………………………67

　　　　　我应该何时开始干预一个还不会说话的

　　　　　孩子呢？…………………………………………67

　　　　　做好准备…………………………………………69

　　　　　我该如何开始？…………………………………70

第七章　教授初语 ……………………………………73

　　　　　动机概念和其他概念……………………………75

　　　　　应用动机程序教授初语…………………………77

　　　　　其他重要概念的应用……………………………89

　　　　　概念的综合………………………………………93

第八章　难应付的孩子 ………………………………95

第九章　从示范到独立的词汇 ………………………101

第十章　难点解答 ……………………………………103

参考文献 …………………………………………………107

第三部分　教学初语：实用图表 ··············109

每日数据表 ···111

　　《每日数据表》空表 ·································112

沟通调查：初语 ···113

　　《沟通调查：初语》示例 ·························115

　　《沟通调查：初语》空表 ·························116

孩子进展轨迹图 ···117

　　图表：示例1 ··118

　　图表：示例2 ··119

　　图表：示例3 ··120

　　图表：空图 ···121

第一部分
关键反应训练

第一章
关键反应训练概述

　　证据循证的……实证依据的……科学记载的……到现在为止，你很可能已经听过太多遍这些深奥的名词了，因为它们与自闭症儿童的干预息息相关。那这些名词是否真的如此重要呢？是的，就这个时代而言它真的很重要。

　　迄今为止，针对自闭症的干预方法超过千种，因此，就干预方法的选择而言，这些名词至关重要。仅仅是在谷歌上搜索自闭症三个字，你就能查看到几千个相关的网页，上面描述的都是各种不同类型的干预方法。但不幸的是，这些网页中所描述的很多干预方法完全不能给你的孩子带来任何帮助……有一些甚至会对孩子造成伤害。因此，在你开始做出任何选择之前，你需要先进行文献查询，以确保你为孩子执行的干预，或者你在课堂中将要对学生进行的干预方法是有科学依据的。

　　这意味着这些干预方法有着严格的控制，使用了科学设计的流程，并且有数据证明其有效性。而且，这些研究需要被发表在同行评议的期刊上。这一点同样重要，因为写一篇研究论文很简单，但是发表在由这个领域的专家进行审核评估的期刊上就比较困难了。此外，研究不应该仅能被实验发明者所执行，它需要能够让其他大学或者研究机构也能够复制整个结果，以证明该实验过程可以在原发明场景之外得以实行。当你在探寻大量相关研究时，你会发现关键反应训练（pivotal response treatment, PRT）是少数几个在原发明场景和在其他大学或机构的复制场景中都能显示同等效度，且受实证支持的干预方法之一。最初，在加利福尼亚大学圣塔芭芭拉分校进行的动机研究中，PRT 也被称为"自然语言范式（natural language paradigm）"。

数十年的研究显示，PRT 程序在家庭、教室以及自然社区环境中都能体现出有效性。而且，最重要的一点是，研究显示选择执行 PRT 时，孩子和干预执行者双方都更加幸福，孩子的学习速度更快，并且出现破坏性行为的次数更少。

现在，我们需要让你的孩子急起直追，从即刻开始。有扎实科学研究基础的干预方法非常少，PRT 就是其中一种。因此，请放心，有记录显示你将使用的这种方法能够在学校、家庭以及社区环境中帮助到自闭症儿童。确信无疑。所以，我们现在就开始吧！

什么是PRT?

PRT 是应用行为分析（applied behavior analysis, ABA）的一种自然形式。应用行为分析属于心理学领域，它的程序适用于很多不同的行为和场景——并不局限于自闭症谱系障碍（如果你想了解更多关于应用行为分析干预的细节，可以参阅我们[1]的应用行为分析模块）。如果你正在研究自闭症，那么有可能你已经听说过应用行为分析程序了——有的时候它也被同义为"回合式教学（discrete trial teaching, DTT）"。

在很早之前，也就是家长还被心理学家和医生认为是自闭症病因的时期，回合式教学便开始发展了。虽然有些难以置信，但是在不算太久的过去，确实有一些匪夷所思的理论认为，自闭症是由那些完全不希望孩子存在的"冰箱父母（refrigerator parent）"导致的。不可思议，是吧？但不幸的是，当时确实有非常多的人相信这个理论，因为这是医生提出的。这个毫无事实依据的理论导致很多非常棒的父母陷入了无尽的绝望和抑郁之中。

这个理论和事实是完全背道而驰的，它没有任何科学研究的支持，仅因为当时主流媒体的宣传而极盛一时。现

---

[1] 指PRT创始人团队，也就是凯格尔自闭症中心（Koegel Autism Center）。——译者注

在，加利福尼亚大学圣塔芭芭拉分校以及其他实验室的研究都证明，自闭症儿童的父母与其他正常发展孩子的父母并不存在任何差异。并且，好消息是，从20世纪60年代开始的研究显示，父母不仅不是孩子患自闭症的病因，还是对孩子进行干预的过程中必不可少的重要环节之一。

应用行为分析的早期研究发现，通过操控环境中的特定程序，自闭症儿童可以进行学习。比如说，通过控制前因（在孩子行为发生之前的因素）、后果（在孩子行为出现之后的反馈）、场景和教学技巧等来改善孩子的行为。

我最喜欢应用行为分析的一点是，它认为存在一种可以应对任何行为的干预程序，致力于寻找针对所有行为的干预方法，只要我们运用好的科学手段，就能够找到这种途径。我们还了解到，如果家长能够执行并且遵循整个干预程序，那么孩子的学习速度会更快，维持所学内容的时间也会更久。不管是从理论的角度出发，还是基于实践的角度，这点都尤为重要。在儿童康复的过程中，父母的角色非常关键。如果想要孩子获得可能的最佳结果，那么所有的干预目标和过程都必须和家长进行协调和配合。这也是为什么家长的参与是 PRT 的重要环节之一。所有的一切，都需要和家长进行协调和配合。

既然已经提到了家长的角色，那么我们现在就来谈一谈家长这个群体的压力。不幸的是，我们的社会并没有给有特殊需求的孩子（比如自闭症儿童）的家长提供很好的支持系统。在测试中发现，自闭症儿童的家长在压力上的分值严重偏高，使得研究者和实践者付出了极大的精力去降低该压力数值，使之恢复到正常范围。然而，我们发现有的干预方法会加剧家长的压力指数，有的则能起到减缓作用。虽然这并不意味着我们可以把压力完全消除，但至少我们可以不让压力指数上升，而是通过正确的方法让家长的境况变得越来越好。

我要解释的是，如果我们给家长布置"家庭作业"，要求他们设置额外的时间来进行干预，那么他们的压力只会越来越大。我们每个人都很忙，家长也不希望自己因为忙碌，抽不出任何时间坐下来陪伴孩子，而感到自责。与之相对的是，我们知道如何降低家庭压力，并且同时还能完成对孩子至关重要的干预。这就是，父母为干预所付出的时间或者为此专门创造的时间，都能够融入在家庭的日常活动中。我们将在本书中对此进行详细的描述——如何将干预融入孩子清醒时进行的每项日常活动中。这对于孩子来说也是更好的选择，因为他们会学到，自己在一天中的许多时刻都需要进行回应和反应……而不只是坐在桌边被灌输教学的时候才需要回应！接下来，我们就来看看如何具体地将PRT融入日常生活中。

自然环境中的干预

这里涉及一个非常重要的点，PRT 就是为了在自然环境中执行而设计的。我们希望自闭症儿童能够参与到为正常发展的孩子提供的各种活动中，或所有活动中。这意味着你可以带着孩子一起去商店、餐厅、公园和任何其他有趣或必要的社区环境。这还意味着，孩子应该尽可能最大程度地参与常规的教学课堂。全天都能够参与是最理想的情况。如果自闭症儿童没有办法完成给正常发展孩子布置的所有任务，也没有关系。特殊教育的教职人员可以确保给自闭症儿童的课程材料和内容都是经过调整的，并且确保他们能够在某种程度上参与到正常发展孩子进行的所有活动中。这使得孩子有最大的可能进行功能性的社会生活，并且在成人之后能够找到一份有意义的工作。并且，孩子还应该参与校外活动，不管是户外体验、运动、暑期夏令营还是其他的安排。这不仅能够让你的孩子学会不同的自然情境和典型情景中所需的技能，还可以让你的孩子在很多活动中接触到正常发展的同伴，他们将是非常棒的角色榜样。

融合（inclusion）或者全纳（full inclusion），指的是那些并没有将有特殊需求的孩子和正常发展的孩子区分开来的场景。这正是我们所希望的，所有的孩子都在一起学习和游戏。所有的孩子！

第二章
动机和多重线索

我们刚刚讨论了PRT基础概念中的"家长参与"和"融合"这两部分内容，接下来让我们花几分钟时间讨论一下什么是"关键反应"。"关键反应"取决于对孩子的影响。具体来说，在PRT的发展过程中，我们一直都在寻找能够造成其他多个领域连带性积极发展的特定领域。目前我们找到了五个：动机、多重线索、主动发起、自我管理、同理心。研究发现，只要对这几个领域进行干预，其他明明没有教学的领域也能得到连带的提升，因此我们将这几个领域作为关键领域。这与较为结构化的应用行为分析存在巨大的差异，因为后者要求干预者每次只针对单个行为进行教学。

我们意识到孩子可以通过较为结构化的应用行为分析得到改善，但是这个过程太漫长了。即使是很小的进步，也需要花费非常多的时间。对家长、治疗师和孩子来说，都太耗时了。而且，虽然孩子确实在进步积累，但是这个进展太小，小到不足以体现出明显的差异，小到让大多数孩子难以赶上正常发展的孩子的进度。更别提，大多数孩子和治疗师看上去也并不喜欢整个干预过程。在结构化的应用行为分析中，我们要花好几个小时，一遍又一遍地对孩子进行反复教学，这个过程对每个人来说都是难以负荷的。有一天，在对这个问题进行大脑风暴时，我们终于谈到了"动机（motivation）"主题上。我们开始讨论，正常发展的孩子是如何怀着动力去互动和学习的，有的时候甚至因为他们太过有动力而搞得家长精疲力竭！但这些都是非常好的，因为学习动机为他们创造了无数个从日常环境中汲取知识的机会。与之相对的，我们讨论了自闭症儿童如何在有些时候只在离开干预时才表现出"动机"！

  虽然我们可能会认为自闭症儿童是没有社交意识的，但实际上他们是有的，只是体现的方式有所不同。我们注意到，虽然他们可能没有对任务做出反应，但是他们却在仔细观察大人，趁大人不注意的时候伺机去拿那些奖励。或者，当我们要求他们指向某个物品的时候，他们会等，等到我们看向目标物品并使用了眼神提示后，再去指。他们并没有真正集中在那些重要的学习线索上，例如，指向我们要求他们指出的物品。但这并不算一件坏事。我们只需要教他们怎么样像正常发展的孩子那样进行反应。

  从理论视角来看，可能是孩子发现有太多的任务对自己来说都是有挑战的，但只要自己在理解某些事物，完成某些任务以及沟通时花费的时间稍微久一些，就会有人来"帮忙"。举个例子，好心的老师或者家长可能会"帮助"孩子穿衣服，替他们说出某个词，或者在活动中提供肢体辅助。我发现这个问题在一些案例中变得很严重，孩子根本没有独立做任何事情。这会导致文献中提及的"习得性无助（learned helplessness）"的状况。当个体不了解自己的反应与后果之间的联系，或者不知道反应的结果时，就会出现"习得性无助"的状态。比如，孩子可能在尝试自己穿衣服，但是因为校车很快就要到了，为了不迟到，家长就直接帮孩子穿好衣服。长此以往，孩子就会学习到，自己的行为并不会和后果有任何联系，于是他们就停止尝试了。

这种情况可以出现在很多层面上，包括沟通、自理领域、学习任务等。而其后果是，孩子会停止尝试任何事情，变得完全丧失动机。解决习得性无助的问题，需要执行特定的程序。经过多年的研究，我们在应用行为分析的基础上创造出了可以解决这个问题的"关键反应"，并且孩子的学习速度也会得到进一步提高。

因此，从逻辑上来讲，我们最先找到且最重要的关键反应行为就是"动机"。只要有可能，将动机程序融入每一项活动中都是非常重要的。在接下来的内容中，我们会讨论如何使用个体的动机概念来创造更快的学习速度，更快乐的孩子，以及对每个参与其中的人而言都更加有趣的过程。结合动机元素之后，整个动机程序的有效性会更上一个台阶,并且对其他非目标行为也能带来极大的正面影响,这也是为什么动机程序被认为是"关键"的。好的,那就让我们继续挖掘更多细节吧。接下来你就会阅读到如何使用动机程序的具体流程。

动机

孩子的选择

孩子的选择对于改善针对自闭症儿童的干预来说是极为关键的环节。在此之前，我们只使用卡片来进行自闭症儿童教学。治疗师会选择目标行为，在重要的概念上对孩子进行训练。这确实能够带来进步，但是过程非常缓慢。早期，自闭症儿童的数量没有现在那么多，留在这个领域的研究者也并没有很多。干预的过程冗长而沉闷，孩子也完全没有表现出任何感激之意。实际上，他们花了很多时间、尝试了很多方法来逃离干预的环境，比如踢打、吵闹和各种发脾气。即使是那些没有出现破坏性行为的孩子，也没有表现出对干预环节有丝毫的兴趣。这也是为什么之前提到，我们在努力尝试设计出能够提高孩子愉悦度和学习动机的干预程序。

我们尝试的第一项内容就是在干预过程中使用孩子感兴趣的物品和活动。"孩子的选择（child choice）"，也称为"跟随孩子的引导（following the child's lead）"，这给干预带来了极大的改变。我们扔掉了卡片，选择了装满孩子喜欢的玩具的篮子，准备了很多孩子喜欢的活动——根据我们教学的每个孩子的具体兴趣进行个别化的选择。如果孩子喜欢户外活动，那么我们就会把教学过程放在户外，而不是花好几个小时坚持坐在桌边教学。如果孩子喜欢弹力球和有音乐的玩具，那么我们就会去搜罗这些玩具。但是，记住，我们的教学目标并没有改变。我们的目标是完全一致的，只是在教学过程中加入了孩子的选择。

我还清晰记得最初我运用"孩子的选择"策略的那个案例。那个小男孩5岁，从未开口说过任何一个字。我们努力想要他模仿各种声音，但是这个过程却需要花费很长的时间。他很喜欢甜食，于是我们准备了很多他喜欢的东西，当他模仿了一个声音，我们就给他一个奖励。整个过程漫长而折磨，但是当我们开始加入孩子的选择后，我们举着其中一个甜食——一块饼干，然后用言语示范"饼干"这个词。注意，之前我们仅仅是把甜食作为奖励而已，完全没有把它们列为教学环节中的刺激物。几个回合之后，小男孩虽然费力，但是有意图并且清晰地说出了"饼干"这个词。如今，这个过程可能理解起来非常自然，但是在那个时候，我们完全没有考虑过在干预过程中加入孩子的选择。在这之后，小男孩能够持续多次说"饼干"这个词，并且还学会了其他很多他很喜欢的东西的名字。

在应用了孩子的选择和其他我们后续会讨论到的动机程序之后，他甚至开始学习说话了。对于小男孩而言，这无疑是**翻天覆地**的变化，因为就在我们融入孩子的选择之前，他在学习说话上毫无进展。因此，现在是时候思考一下你的孩子都喜欢什么，并观察孩子在休息的时候都在干什么。

你的孩子是如何玩耍的？他喜欢吃什么？喜欢喝什么？喜欢玩什么？喜欢与谁互动？不要放过任何一个细节，因为我们可以利用的孩子喜欢的事物越多，我们可以提供学习机会的次数就会越多。去找孩子的朋友、老师、亲戚、家长，或者任何其他相关人员询问你的孩子可能喜欢什么。记住，孩子喜欢的东西可能每天，甚至每一分钟都在变化。孩子刚吃过最爱的糖果，那他现在就不会太饿。尝试制作或拥有一份列着孩子喜欢的物品以及活动的清单。花一些时间来思考、询问和收集那些可能会让你的孩子非常兴奋和激动的事物。

孩子的选择：举例

例子1：沟通

肖娜已经学会了很多词，但还只会使用单个字来进行沟通。因为她的词汇量已经远超过了50个，所以我们的新目标就是教她如何组词。她可以命名自己最爱的物品——糖果、秋千、毛毛球等。她还知道颜色。在干预的时候，我们决定选择她已经学会的单词来进行二字词组的组合。因为她非常喜欢九柱游戏[1]，我们就开始提示她将颜色和"柱子"这个词进行组合。也就是，我们提示她

---

[1] 英文单词是skittle，是一种源于欧洲的古老室外游戏。玩法类似于保龄球，玩的时候常在球道一端放置九根木质柱子，然后用木球或飞盘撞击。——译者注

加入颜色,说"黄色的柱子""红色的柱子"等,而不只是说"柱子"。之后,我们会进行混合,辅助她说"想要柱子"。你会发现,使用对孩子有高度吸引力的事物能够让她有动机对新的目标行为进行反应。

例子2:生活自理

当我们见到亚当的时候,他已经9岁了,那时他还没有生活自理技能。他不能独自穿衣服,无法完成任何家务,也无法准备任何食物。亚当的父母因为必须要给他穿衣服、洗澡,并帮助他完成任何其他没有学会的技能,而身心俱疲。亚当能够安静地坐在桌边等着吃饭,所以我们决定从让他帮忙布置桌子开始,这样完成之后的用餐就会变成任务的自然强化物。

我们倾向于逐步开展,保证孩子不出现很多破坏性行为,又能意识到自己的行为和后果之间的联系。如果我们在一开始,布置任务过多,难度过高,那么我们就会失去让孩子参与的机会。因此,就在我们开始用餐之前,我们向孩子展示碟子的照片,辅助他从碗柜中拿出碟子放在桌子上。一旦完成,他就可以立刻吃饭。当然,依照孩子的选择,我们给出的食物也是他非常喜欢的。

接下来,我们会逐渐系统地消退我们的辅助,慢慢降低我们帮助他从碗柜中拿出碟子放在桌上的程度,直到他仅凭物品的照片就能独立完成整个过程为止。当他能够独立拿盘子后，我们开始慢慢地加入额外的任务——叉子，然后加上餐巾，最后加上杯子等其他餐具，直到他仅参照桌面摆放的照片就能布置好整个餐桌为止。

整个过程花了将近两个月的时间，我们还扩充了这项任务，要求他为所有的家庭成员——妈妈、爸爸和妹妹——布置餐具。我们成功运用了孩子的选择（吃饭）来教给亚当一项自理技能，而这项技能不仅对他本身的独立非常有帮助，还提高了他父母的生活质量。现在，你可能多少了解了一些如何将孩子的选择应用到很多不同领域中的知识。

例子3：学习任务

其实有非常多的学习任务都可以和某些类型的孩子的选择进行结合，但是在大多数情况下，老师并没有在教授学习任务的时候运用孩子的选择。对于需要被刺激动机的自闭症儿童来说，选择是极为重要的。

我们举一个写作的例子，很多老师会给孩子布置写作的主题。虽然对于很多正常发展的孩子来说，这可能也不是最佳的选择，但总体而言没什么问题。但对于自闭症儿童而言，却很可能会导致他们在一开始就拒绝进行写作任务。或者，更糟糕的情况是，他们开始出现破坏性行为。我们看到过孩子因为不喜欢老师布置的任务而出现大哭、尖叫以及破坏作业的情况。

有一次，我们观察到一个高中生，他在除了烹饪课以外的所有学习课上，都在睡觉。但在烹饪课上，他是活跃的，十分清醒，并且对课堂的内容保持完全的投入。与之相对，他在其他所有学习活动中都在睡觉。如果在学习任务中使用孩子的选择，那么这个问题就迎刃而解了。举个简单的例子，对于这个孩子，我们可以把教他写食谱的配料作为写作的任务。或者简单地把配料的分量加倍就能成为教授加法和减法的好方法。

重点是，加入孩子的选择后，自闭症儿童能够很愉快地参与到学习中。例如，与其让老师选择一个主题让全班同学进行写作，倒不如让孩子写自己喜欢的活动或物品。比如，如果孩子最爱的玩具是独角兽，就可以让他写"独角兽"这个词。或者，如果他能够写一句完整的句子，那么就可以写"我想要玩独角兽"。或者，如果他能够写一个段落，那么确保这个段落的内容是关于独角兽的。现在，你了解孩子的选择和学习任务可以如何进行结合了吗？虽然这需要花费一些时间，也需要进行一些思考，但其结果是截然不同的。

例子4：社交

对于那些觉得社交非常有挑战性的自闭症个体而言，加入孩子的选择是非常重要的。马森是一个六年级的学生，他跟他的同伴完全没有任何社交。完全没有。午餐休

> 息时间，他独自在图书馆里看书，融合课堂中也没有和同伴进行任何的互动。他没有玩伴，但也没有造成任何问题，于是学校的教职人员没有特别安排社交的干预项目。实际上，学校心理咨询师告诉我们，所有的学生都可以自行决定午餐和休息时间的安排，马森也不例外。她报告，马森的选择是去图书馆。但是，当我们提醒她社交对孩子的长期积极结果有多么重要时，再加上她自己也发现操场上的其他孩子没有一个是独自玩耍的，于是她同意了我们的观点。因为马森选择的活动是阅读，所以我们让他和同伴一起组织读书聚会。让他有机会阅读自己选择的书并且和同伴进行讨论。在社交活动的背景下，只是简单地加入孩子的选择，就可以给自闭症儿童提供非常宝贵的机会来学习重要的社交技能，并且与同伴进行互动。

孩子的选择：常见错误

1. 使用不合理

你大概不会相信，但是我发誓我要讲的故事是真实的。多年之前，我是某校区的顾问，当我走进他们的学前教室后，一个可爱的3岁自闭症儿童正在教室里到处乱跑。老师声称自己在使用PRT。当我细问她究竟使用的是PRT的哪种技术之后，她回答自己正在使用孩子的选择，而孩子选择的活动就是在教室中乱跑！老师完全没有对孩子进行任何的针对性处理，孩子没有进行丝毫的学习，只是不停地绕圈跑！虽然这个案例情境并不常见，但是我们仍然需要确保孩子的选择是被恰当使用的，是能够鼓励学习的。

2. 没有灵活使用

理解孩子的选择也是包括喜好的。你可能已经列出了一系列孩子选择的活动，但是孩子可能会在某个特定的时间对某些选项失去兴趣。因此，确保你对每个情境都进行了仔细的分析，不仅要保证找到孩子的选择项目，还要考虑到具体教学时，孩子当下偏好的活动和物品。根据孩子的生理状态（如果孩子是饱腹状态，那么他可能不想要食物；如果孩子很疲惫，那么他可能不会想要参加运动类的活动）、场景、互动的人，以及其他因素的变化，他的选择可能都会有所变化。因此，重点是孩子选择的事物可能会变化，你需要对情境持续进行评估，确保在任何时刻你所使用的确实是孩子选择的事物。

3. 使用一成不变的清单

兴趣是时刻变化的，在不同的地点，面对不同的人都可能是不一样的。确保你会定期进行重新评估，加入或者减少孩子选择的事物，给孩子提供最高匹配程度的选项。

4. 将自己的选择当成孩子的选择

根据我们的观察，关于孩子的选择的最大问题大概就是，大人会尝试将孩子从目前进行的活动中拉开，展示一些他们认为孩子会喜欢的活动或物品。我们曾经见过孩子正在兴高采烈地玩耍，大人拿着一些好玩的玩具说"看！"。这对于正常发展的孩子来说可能是奏效的，因为他们几乎觉得所有的事情都很有趣，但是自闭症儿童的情况就完全不同了。你需要时刻警惕，仔细观察孩子。只有在我们真正使用了孩子的选择之后，干预才会进展顺利。

5. 对刻板兴趣行为的误解

人们总是担心孩子的选择和最爱的活动是不恰当，或者是重复刻板的。比如，一些孩子喜欢一遍又一遍地开灯和关灯。其他一些孩子喜欢把玩具车翻过来，一直不停地转车子的轮胎。但是研究显示，使用刻板的活动并不会导致个体一天中出现不恰当行为的数量增加。并且，因为刻板行为的强化效用非常强，是其他事物完全无法匹敌的，所以在干预的时候加之利用会很有帮助。因此，不要担心一开始就把重复刻板行为作为奖励。如果你的学生正在学习初语（first words），并且他说出了"车"字，那么之后他把车翻来覆去玩是可以的。在最开始的时候，我们希望能够确保活动或者物品有足够的强化效用，这样孩子才会努力学习和参与，这也意味着可以根据情况使用孩子的刻板兴趣行为。

自然强化物

"孩子的选择"的近亲是自然强化物。自然强化物也被称为"自然的后果"或者"自然的奖励",也就是,在孩子做出反应后,就会得到与孩子的反应行为相关的事物。虽然这个听起来非常显而易见,但是很多人仍然在使用与孩子的反应完全无关的食物或者其他奖励。大多数情况下,只要花一点时间思考,你就能想到如何使用自然强化物,而不是人为的强化物。

我们来举个饼干的例子。一旦比利说了"饼干"这两个字,我们就会立刻给他饼干。饼干是一个自然的奖励,与他刚刚给出的回答("饼干")是相关的。自然强化物的理念是,它们与你的教学行为是本质相关的。当你在使用孩子的选择时,自然强化物的使用就非常顺其自然,因为你可以在孩子尝试或者给出正确的反应之后,向他们提供他们极其想要的物品或者活动。

自然强化物:举例

> **☺ 例子1:沟通**
>
> 布拉德利非常喜欢英文字母。虽然他知道的单词数量十分有限,但是他能命名(label)每一个单词和字母。除了命名字母之外,他还能把字母按顺序从 A 排到 Z,

并且还能以同等的速度把字母按顺序从 Z 排到 A。他最爱字母嵌入式拼图，一定要把每一块拼图都正确排好才会满意。因此，我们利用字母作为自然强化物来提高他的沟通。除了命名字母之外，为了扩充他的词汇量，我们开始教他字母的颜色。我们还进行数字的教学，问他想要几个字母，让他数字母的个数。关键点在于，每次他命名字母、颜色或者数数之后，都可以得到对应的字母作为自然强化物。

例子2：生活自理

有时候，我们发现大家会用纽扣板来教孩子扣纽扣和解纽扣，而这类活动并没有任何自然强化物。与之相对，扣纽扣应该在寒冷的房间，或者在寒冷的天气当孩子准备外出时进行教学。这样，扣上毛衣或夹克的纽扣就有了自然强化物——温暖。同样的，如果教室外面很热，你可以让孩子解开毛衣或夹克的纽扣，将温度调节到舒适的程度可以作为自然强化物。与之类似，绑鞋带也可以在出门前进行练习。如果你能够仔细为每个活动考虑合适的自然强化物，并且将它们融入学习活动中，你就会进一步提升孩子反应的动机。

例子3：学习任务

自然强化物也可以和许多学习任务进行结合。举个例子，如果你在教数学，那么你就可以用孩子非常想要的物品进行加法、减法或乘法的运算，孩子完成了数学任务，就可以玩这些物品。我们曾经用饼干教分数，孩子很快就能学会1/2比1/6大，即使前者的分母比后者小！我们曾经用糖果教加法和减法，整个过程中孩子的注意力都高度集中和愉快。但是，要注意一点，为了让学习活动持续时间更久，你最好用较小的糖果来教学。否则孩子很快就能被喂饱！

例子4：社交

对于大多数孩子来说，社交的自然强化物并不多。社交对于自闭症儿童来说是有挑战的，他们可能会变得非常焦虑，或者完全回避社交。但是，通过融入自然强化物，你就可以让孩子有动力进行社交。比如，我们曾经有一个才刚刚学会初语的学生，我们让他的朋友拿着他最喜欢的玩具，等他做出了一个好的言语要求后再递给他。我们还有一个言语技能很好的学生，他很喜欢荡秋千。大多时候，辅助老师会帮他推秋千，因此我们教他找一个同伴帮忙推秋千。同样也是给孩子设置一个情境，在他得到同伴的社交回复后就可以得到自然强化物。最后，

> 我们会让他和同伴轮流荡秋千和推秋千，虽然他在帮同伴推秋千的时候并没有得到一个即刻的奖励，但是最终轮到他的时候，就可以得到荡秋千的自然强化物。再次强调，要用自然强化物来鼓励社交。

自然强化物：常见错误

1. 使用成人的强化物

你总是认为自己知道适合孩子的强化物是什么。我见过老师走进超市选择了一大堆炫酷的玩具和食物，但最后却发现学生对这些毫无兴趣。调查是必要的，确保你使用的奖励对学生来说是真正的自然强化物。

2. 猜测错误

我们时不时都会在自然强化物上犯一些错误。当孩子有很多重复性行为时，犯错的可能性最高。比如，我之前教过一个看起来非常喜欢卡片的孩子。我当时在教她说话，因此，我举起卡片让她重复卡片上图片的名字。但是，她却没有习得任何词汇。最后，我们发现她根本就没有注意卡片上的图片，只是想要收集这些卡片来进行重复刻板的行为。因此要注意，一定要确保你教授的词汇或行为与强化物是本质相关的。

强化尝试

对于自闭症儿童来说,所有的事情都是困难的。很多正常发展的孩子爱不释手的社交游戏和活动完全不能引起自闭症儿童的兴趣,沟通对他们而言也不是自然发生的。很多自闭症儿童并不会咿呀学语,如果他们开始说话了,也是迟缓的,并且即使付出非常多的努力,也没办法轻易赶上正常发展的孩子。

现在,让我们想一下更大的图景。如果我对你说,"请选出你最不喜欢的,最困难的科目",你会选择什么?数学、微积分、历史?现在,想象一下我说,"从现在开始,我们要学习这个科目一整天,每周花40、50或者60个小时,每年都如此!"那很有可能你会全速逃离。

其实,对于自闭症儿童来说也是同样的情况,因为我们实际上是在要求他们一整天都进行无比困难的社交沟通任务。但是,因为我们希望他们保持动机,希望愿意付出最大的努力,所以我们要确保他们所有的努力都会得到强化。每一次努力,不管大小,都应该得到奖励。并且,确保在你给出奖励之前,孩子是真的在努力。如果对孩子不需要付出努力就给出的正确答案进行奖励,那会造成动机问题。具体来说,如果孩子眼睛乱看、发呆、进行重复刻板行为,或者没有努力却正好给出了正确答案,那么都不应该给予奖励。绝对不可以。需要记住的是,虽然学习很重要,但是动机更加重要。因此，在孩子没有努力的时候给出奖励对他的长期发展并没有帮助。

　　与之相对，当孩子正在努力时，确保给出了自然强化物来保持这种高度的动机。并且，绝大多数情况下，孩子有没有做出比上一次更好的反应并没那么重要。只要孩子在付出切实的努力，就应该得到奖励。在之前的干预方法中，我们没有这么做。我们使用的是非常严格的塑造标准，孩子做出的每一个反应都需要与前一次一样好，甚至更好。我们曾经以为要想达到最终目标，这种类型的塑造是必要的。然而，研究发现，当我们使用严格的塑造标准时，孩子的学习速度并没有像对每次努力尝试都给予奖励时那么快。因此，奖励尝试（reward attempt）是动机程序中又一个非常重要的组成部分。继续阅读，你就会看到一些关于如何奖励尝试的真实案例。

强化尝试：举例

 例子1：沟通

　　3岁的贾森刚刚学会初语。他非常喜欢被挠痒痒，因此这项活动经常被我们融入干预环节中。他咯咯地笑，伴随着满满的笑容，期待着手慢慢爬上自己的肚子。但是，在我们给他挠痒痒（自然强化物）之前，我们会提示他说"tickle（挠痒痒）"。他在发"l"的音上有困难，但大多数时候在发"tickle"这个音时可以发出两个音节，在

第二个音节上他会发出"o"[1]的音。我们注意到，他在刚开始学习这个词的时候，有很多次完全忽略了"o"音。但这并不重要，因为现在他在非常快乐地尝试说出目标词汇，所以不管他发音是否完整，我们都会给他挠痒痒并且重复正确的发音。很快，他不需要我们直接地去塑造词就能够发出完整的音了。这个例子强调的是，不管发音是否标准，都应该奖励孩子的每一次言语沟通尝试。

例子2：生活自理

莎拉在学习如何独立穿衣服，并且做得也非常棒。我们做了一张小的表格，先从内衣开始，然后到裤子，之后开始穿上衣。她必须要留意衣服的标签，确保穿的时候标签是朝上的，然后才能在穿上之后使标签在背后。她很擅长把上衣标签朝上平铺在床上，这样她穿上之后标签就在背后了。但是，偶尔衣服的标签却被朝下铺在了床上。尽管偶尔会出现这种失误，我们还是会给她奖励，当她独立穿好衣服后，我们给她选择的自然强化物——外出荡秋千。再次强调，我们奖励的是正确穿衣的尝试，即使有时候衣服是穿反的。最后她做到了，对她的尝试进行强化能够让她有动力每天都去尝试独立穿衣服。

---

[1] "l"音和"o"音有一点相似，该自闭症儿童开始时不能发出"l"，但能发出类似的"o"音。——译者注

例子3：学习任务

奖励尝试在面对困难的学习任务时尤为重要。非常多的自闭症儿童在老师布置学习任务之后会出现破坏性逃避行为，布莱克也不例外。当他在学习如何阅读的时候，他很擅长记住常见词汇，但是在学习如何发音上面进展缓慢。元音对他来说尤为困难，因此每次他在读新的词汇并且努力发音的时候，我们都会回复"非常棒！"，然后奖励他一个与该元音相关的孩子选择的物品。在过去的干预中，我们可能会说"错了！"，然后重复词汇让他读，但是现在，我们完全不会用"错了"这种表达。我们总是在奖励孩子的努力，即使每次的反应并不完全正确。尝试比完美来得更重要！

 例子4：社交

亚当喜欢交流，但是在维持社交对话上却有困难。针对此项问题，我们计划教他用提问的方式来维持对话的进行，避免长时间的尴尬停顿。提示的时候，我们给出了能够引发提问的清晰"引导话语"。

举个例子，如果我们说"我今天吃了一顿美味的午餐！"我们就会提示他去问"What did you eat?（你吃了什么？）"，或者"Where did you eat?（你在哪里吃的？）"可是亚当在语法上有非常大的困难，尤其是在使用"did"

> 句式时，需要把动词从过去时态（ate）转换成现在时态（eat）。也就是说，他会说成"What did you *ate*?"或者"Where did you *ate*?"有的时候甚至说"*Where you ate*?"。但是，我们希望对他努力尝试问一个好的社交性问题的行为进行奖励，因此我们每次都会说"问得真好"，然后示范正确的语法表达，再接着回答问题。通过对社交尝试的强化，我们可以保持他的高动机，并且即使他的反应不是完全正确，也能够让他进行持续的社交对话。

强化尝试：常见错误

1. 觉得自己没办法找到自然强化物

我不会告诉你说，每个行为都可以找到对应的自然强化物，但是就大多数活动而言，是可以的。很多人认为与当前任务无关的食物和代币应该是自闭症儿童干预中的必要组成部分，但是通过这种方法，并不能获得非常明显的进步。我见过太多出现破坏性行为的孩子了，他们之所以这样仅仅是因为有很多任务看起来毫无意义。然而，只需要对项目做一个简单的调整，加入一点点的创造力，你就可以轻而易举地把自然强化物融入进去。

2. 不理解有些行为没有自然强化物

我之前说过，大部分的行为都有对应的自然强化物，接下来我就要讲一讲那些可能没有自然强化物的行为……这些可能需要安排人为的强化物。首先，对于一些孩子来说，社交沟通是困难的，因此我们经常会对此设置一个自我管理的项目，尤其是在刚开始干预的时候，直到整个项目变得更加流畅和有趣。家务也经常需要表格、积分和外部的强化物。但是，大多数行为都可以用自然强化物进行教学，因此每次都要朝这个方向先去努力和尝试。

特别的注意事项

自然强化物并不只对自闭症谱系障碍人群非常重要，它对于所有的孩子都是有帮助的。相比于数学本上没有尽头的练习题，想象一下孩子可以多快通过零用钱学会加法、乘法和减法。你可以想出上千个这样的自然强化物对正常发展孩子有用的例子。它可以提高任何人的动机！

维持性任务和习得性任务的穿插

连续几个小时对着无比困难的任务埋头苦干是没有任何乐趣可言的。如果一整天我们都要面对太过挑战性的任务，谁不会出现一些问题行为呢？然而，在我们给自闭症儿童设计目标行为的时候，通常会忽略一个残忍而简单的事实——这些目标没有乐趣。甚至对每个人来说，都是令人沮丧和筋疲力尽的。但是，来思考一下另一种情况：在很多个重复的、成功的和简单的学习任务之后，出现一个困难的任务，这个困难任务是否就变得可以忍受了？这就是我们在教学环节中想要做到的一点。

研究显示，当简单的"维持性（maintenance）"任务和新的更加困难的"习得性（acquisition）"任务混合之后，孩子的表现更佳。我们不知道习得性任务混入的确切比例应该是多少，这个取决于孩子的情况、任务的内容以及很多其他的因素。但是，我们知道应该加入更多的维持性任务。为什么这一点会奏效呢？你可能会觉得由于维持性任务的引入，在习得性任务上花费的时间就少了。这个疑问非常棒。但如果只有习得性任务的话，孩子极有可能做出破坏性行为，他会拒绝做任务，完全停止尝试。然而，如果孩子连续获得胜利，就会出现"惯性"（在文献中也被称为"行为惯性"），这时当你加入其中一个有挑战的任务后，孩子也很有可能会给出反应。因此，在混合困难以及简单的任务之后，我们会得到更多的反应，更少的逃避和破坏性行为。因此，记得进行两种任务的穿插！先把任务变得简单，然后再加入困难的。你会发现，对比于只有困难的任务来说，孩子的动机增强了很多。

维持性任务和习得性任务的穿插：举例

😊 例子1：沟通

珍妮4岁了，但还不会说话。她在接受PRT干预程序时进展较慢，需要对她使用一个分步步骤，这里我们使用了嵌入式词组，例如重复"1、2、3"，然后，最终我们将在"2"之后暂停以提示她说"3"。提示很有帮助，在我们说"1、2……"之后，她经常会回答"3"。同样的程序，在我们说"预备……"之后，她也可以回答"开始"，并带着期盼等着。一旦她能够轻易地补充嵌入式词组，我们就会把它当作维持性任务。

她有很多特别喜欢的活动，比如听音乐、荡秋千、蹦床等。因此，我们经常会用嵌入式词组作为提示，然后偶尔提示其他与她最爱的物品和活动相关的新词汇。这样做之后，她的动机很高，对词语的尝试反应率也很高。在几周之内，她就能够在饿的时候说"糖果"，在想要离开或者停止某个活动的时候说"拜拜"，在想要挠痒痒的时候说"挠痒痒"，并且能够在想要荡秋千的时候说"推"。将简单的任务连在一起，然后偶尔加入困难的任务可以让她保持对任务的投入、动力和反应。

例子2：生活自理

亚当是一个在个人卫生上需要帮助的中学生。他能够自己洗脸，但是不能清洗自己的身体，也不能刷牙。当我们刚开始将他的个人卫生问题做为教学目标时，亚当的妈妈带他去了超市，挑选他最喜欢的牙膏、牙刷、香皂和有趣的洗浴玩具，想要让他尽可能有动力并且喜欢洗澡。每晚要洗澡的时候，亚当可以选择在洗澡之前还是洗澡之后刷牙。在洗澡的时候，亚当可以选择自己需要独立清洗的身体部位，然后自己洗脸（维持性任务）。之后，妈妈会帮助亚当清洗剩下的身体部位。慢慢地，妈妈会加入需要亚当自己清洗的其他身体部位，与他已经学会自己清洗的部位进行穿插，直到他最终可以独立洗澡为止。

随着亚当的进步，越来越多的行为会变成维持性任务，可以与困难的习得性任务进行穿插。但是，注意不要一次加入过多的任务，否则这些习得性任务将不能得到多次重复。因为妈妈使用了动机程序，洗澡对亚当来说变成了非常有趣和可控的学习体验，自我管理领域的独立性也大有增长。同时，这对于妈妈来说也非常重要，个人卫生这个目标对于每个人而言都是有帮助的。

例予3：学习任务

索尼娅是一个六年级学生，因为她不能记住所有的乘法表，所以在数学课上表现比较落后。虽然她可以计算乘以1或者2的算式，但是在这之外的乘法都没有学会。于是，如果没有计算器的话，她是没办法完成课堂作业的。实际上她的记忆力很好，应该能够学会乘法表，但她每次在数学课上都会出现很多逃避和破坏性行为。例如，大笑，重复削铅笔，把纸上的字全部擦掉，把铅笔、书和纸全部扔到地上等其他多种不恰当的行为。她也会经常要求去卫生间，然后在里面待很久来逃避数学课。

因为她很喜欢食物，我们决定通过食谱来教授她乘法表，把配料加倍或者变成三倍分量之后，她就不得不计算数量。在选择食谱的时候我们非常注意，保证她可以有一份和两份的量（维持性任务），比如一杯糖，或者两个鸡蛋。也会有比较困难的乘法任务（习得性任务），例如3/4杯的巧克力薯片。我们不仅做到了维持性任务和习得性任务的穿插，还可以让她在完成数学算术之后做出美味的零食作为自然强化物。做饭是非常有趣的，通过慎重的食谱选择，我们就可以确保索尼娅能够在完成很多穿插的维持性任务的同时学会乘法表。

例子4：社交

对有自闭症的高中生米克来说，社交是一大难题。他有很好的语言技巧，但是却没有朋友，他说自己很想要朋友，想要和同伴一起互动。因为他在社交对话上有困难，所以我们决定招募几个正常发展的同伴与他进行社交对话的练习。

在最初的观察中，我们注意到他很擅长围绕与自己狭隘兴趣有关的话题进行社交，但是当其他人提出一个与他兴趣无关的话题时，他很快就会失去兴趣，并停止交谈。同伴们都很乐意帮忙，因此我们决定将不那么有兴趣的话题和高度有吸引力的话题进行穿插。这种做法帮助很大，并且通过对对话的引导，我们就可以逐渐并且系统地把新的（习得性）话题加入到与他狭隘兴趣相关的（维持性）话题中，最后不管谈论什么话题，他都能够变成一个积极的倾听者和好的交谈对象。

维持性任务和习得性任务的穿插：常见错误

反复练习习得性任务

当我走进教室、私人机构、家庭或者其他场合，有太多次看到人们在不停地让孩子练习他们无法做到的事情（只练习习得性任务）。虽然有一种说法是，重复练习可以加速学习曲线，但实际上孩子的学习速度却变慢了。因此，不要变成一个训练教官，而是放轻松，保证孩子能够获得很多成功的体验。这样，你的孩子会变得更快乐，你也一样！

任务变换

　　任务变换和任务穿插是结对出现的。反复做同一件事情是不可能有乐趣的，实际上，重复呈现相同的目标行为会导致孩子的幸福感降低。并且，他们会把这种不快乐表现出来！我们看到在没有任务变换的时候，孩子会出现各种破坏性和逃避性行为。所以，一定要进行穿插！变换活动！用不同的玩具、游戏或者任务！在这样的干预环节中，每个人都能享受更多的乐趣！

　　现在，强调了任务变换的重要性之后，我还必须诚实地告诉你，关于维持性任务和习得性任务的最佳穿插比率，还没有一个完美的科学答案。虽然我们知道需要加入维持性任务，并进行任务变换，但是这个领域仍然需要更多额外的研究。我们并不知道，是否必须要用完全不同的活动来变换任务，还是只要在同一个活动内变换任务就足够了。比如，如果孩子擅长加法和减法，但是不擅长乘法，那么在教乘法的时候穿插一些加法和减法的任务是否就足够了呢？还是说，要在教乘法时，加入完全不同的活动，例如阅读和写作，效果会更好？这个答案很有可能是因人而异的，也会依据任务主题对孩子有多大的吸引力而变得不同。你已经融入了孩子的选择和自然强化物,因此所有的活动都应该能让孩子感受到乐趣。但是时刻铭记,任务变换是动机程序的其中一个重要组成部分,你需要留意进行教学孩子的具体情况。如果你的学生看起来很快就会对某个活动失去兴趣,那么你就需要频繁地变换活动。

任务变换:举例

> **例子1:沟通**
>
> 史蒂文的词汇量很大,能够将单词组合成简单的词组。他也知道如何从一数到十,但是他还没开始学习颜色。史蒂文特别喜欢金鱼饼干。由于现在的金鱼饼干开始有各种不同的颜色,所以孩子的选择在这里可以作为开始教学的完美物品。我们向他展示了装有金鱼饼干的碗,提示"黄色"。然后我们问"什么颜色?"只要他回答了"黄色",就能够得到一块黄色金鱼饼干作为自然强化物。几个回合之后,我们就会进行任务的变换,让他来要求进行别的喜欢的活动,例如:玩球,让他数金鱼饼干的块数,让他打开包装,或者玩他那特别的上发条类玩具。当然,他必须要持续进行沟通,但命名颜色与许多其他有趣的活动是变换的。

例子2：生活自理

埃莉莎是一个正在学习独立生活技能的青少年。他能阅读购物清单、购买物品，但是在数零钱上有困难。他理解自己需要知道金额的总数，然后给出多于该金额的钞票，也就是，如果商品是2.99元，那么他就需要给出3元的钱。但是他并不擅长数零钱。因此，刚开始的时候我们带他去不那么忙碌的小商店，让他只买一样东西，然后数出准确的零钱。结束之后，他就可以吃到购买的薯片、糖果条或者水果。通过让他参与各种不同的步骤，然后只需要数一次零钱，他的动机可以维持在很高的水平上，并很快就能学会数零钱。而如果只是在学校通过数学题的形式来教学，他就无法学会这项技能。

例子3：学习任务

任务变换对于那些具有一定挑战性的学习任务来说十分重要。没有人愿意一遍又一遍地做同样的困难任务。因此，每当你教自闭症孩子学习任务时，一定要确保任务的变换。举个例子，如果你在教孩子数数，那么就可以将这项任务和物品命名、玩耍该物品以及其他孩子喜欢的活动进行穿插。

以萨拉为例，我们在教她加法，而她很喜欢迷你的

MM豆[1]。我们让她命名每个糖果的颜色，"绿色""红色""蓝色""棕色""黄色"，命名几个之后，我们就会抓一些糖果放在手中。然后，我们说，"在这个手里有两颗红色的糖果，另一个手里有四颗糖果，现在我们把两只手中的糖果放在一起，一共有多少颗糖果呢？"我们把糖果遮住，不让她看，这样她就不能数出来，而只能算出来。当她回答正确之后，她就可以吃掉其中的一颗糖果。这个方法仿佛有魔力，她在短短几周之内就学会了十以内的数字加法。在我们变换任务让她进行下一个活动之前，通过让她命名糖果的颜色和吃掉糖果作为休息活动，就可以充分地在短时间内保持她的注意力。

例子4：社交

本是一个"全纳"的六年级学生，他在社交上存在很大的问题，更喜欢一个人度过休息和午餐时间。他总是待在操场的角落或者卫生间里，当其他孩子靠近时，他会说"走开！"或者"去！"。他还非常了解如何让几个老师生气！本是摄影迷，因此我们决定为他开一个摄影俱乐部，午餐时间可以和一群正常发展的孩子一起度过。这个活动非常成功，他已经完全能够独立拍照和打印照片了。为了把摄影（可以自己独立完成）和社交（目标行

---

[1] 即M & M's，一种五颜六色的巧克力豆，每颗豆上有字母M。——译者注

> 为)进行变换,我们对学生进行了配对,并且给他们一个需要社交的摄影任务。
>
> 举个例子,我们让学生找到一个生日在九月份的人,或者最喜欢吃的甜点是冰激凌的人,或者找到一个最喜欢蓝色的人,等等,并且拍一张照片。如此这般,我们就可以在融入与同伴互动的社交目标的同时,进行任务的变换。虽然我们确实要求他问出所有的问题,但是因为有配对的同伴,孩子并不需要一个人问所有的问题。并且通过拍摄照片和打印照片的机会,活动也进行了变换。这个干预最让人兴奋的点是,本的脸上全程都带着大大的微笑,他非常主动地接近同伴问问题,然后拍照。

任务变换:常见错误

一直重复任务

好的,我不得不承认,这是我的弱项。当一个孩子做出正确的反应时,我太兴奋了,忍不住再试一次,然后再一次,接着再……我知道我不应该,但是还是一次又一次地尝试!要记住,一定要把控好自己,记住变换任务。不管孩子进展得多顺利,如果你不做变换,那也不会一直这么顺利下去的。所以,记得改变,不要一直重复同样的事。变换之后,你和孩子都会在参与的时候收获更多快乐,孩子的动机也会增强。

多重线索

　　一些自闭症儿童只对某个线索或线索的某个部分而不是对所有线索或线索的所有部分做出反应。举个极端的例子，某个自闭症儿童只能在别人戴着眼镜的时候才能认出那个人，当那个人摘掉眼镜之后，孩子就再也认不出来了。这个例子虽然比较少见，但是我们确实能看到，一些孩子只对单一的线索有反应，仿佛他们只注意到了指令中的一个部分。有的老师错误地把这个归结为孩子的不配合，然而有可能只是孩子没有对所有的线索做出反应而已。在其他案例中，孩子可能会追寻你的眼神移动，对你看着的事物做出反应，而不是把注意力集中在你提供的言语线索上。与之类似，一些孩子会等着观察家长或者老师所指的方向，而忽略所有的言语指令。

　　在你陷入对多重线索深深的担忧之前，我们需要提醒你，关于多重线索的大部分研究都是在过去我们还在使用"无菌环境"的时候开展的，那个时候我们认为孩子需要墙上空无一物，需要在没有任何其他可以分散孩子注意力的房间进行干预。在那个时候，我们还在使用卡片来执行教学。因此，一些孩子会依据老师的目光注视或者卡片上的折痕和斑点做出反应。现在，当我们使用了孩子的选择之后，就没有看到那么多孩子表现出过度选择的问题了。实际上，很多时候，多重线索在孩子受到激励时，以及在你使用我们之前讨论过的动机程序技术时就已经被潜移默化了。

如果你的孩子已经获得了对多重线索进行反应的能力，那么你就可以跳过本章节剩下的内容，没有必要具体针对多重线索进行训练。但是，如果你的孩子看起来容易在指令的某个部分卡住，或者总是只对你提供的刺激的某个部分做出反应，那么你可能需要把多重线索纳入你的干预目标之中。

如果你还不确定孩子是否可以对多重线索做出反应，那你可以做一下类似于下面的简单测试。举个例子，尝试给出包含多个部分的指令。也就是，当你们在玩玩具的时候，选出很多有多重线索的玩具，例如大的黄色乐高。如果你的孩子给了你一个小的黄色乐高，那就说明他可能没能对所有的线索做出反应。同样的，如果你的孩子喜欢美术，你可以让孩子在一堆五颜六色的钢笔、铅笔和马克笔中拿出一支绿色的钢笔。如果孩子递给你的是绿色的马克笔，那就可能意味着你需要执行多重线索的干预，让孩子能够对所有的线索做出反应。接下来，我们就会讲到教学多重线索的具体方法。

教你的孩子对多重线索做出反应

大多数自闭症儿童都可以学会对多重线索做出反应，但前提是，你必须设置一个情境，能够在孩子对某个刺激的所有相关线索都回答正确之后，提供自然强化物。当你的孩子可以对单个线索做出反应之后，你就可以加入额外的线索了。

举个例子，如果孩子正在穿衣服，你就可以拿出多种颜色（黑色、绿色、蓝色和白色）的袜子和衬衣，然后让孩子选择一件同时拥有两种线索的刺激物，例如，黑色的衬衣。看到了吗，我们在让孩子同时对两种线索做出反应。

我们还推荐用糖果来教多重线索，因为大多数孩子都会为了得到喜爱的糖果而用尽全力。比如，我经常会把迷你 MM 豆和迷你小熊软糖混在一起，然后告诉孩子可以吃绿色的小熊软糖。孩子必须从各种颜色和两种不同类型的糖果中进行区分，这也就是多重线索。所以你看，为了得到美味的食物，孩子必须对所有的相关线索集中注意力，在这个例子里线索是颜色和糖果种类。

同样的，你也可以把这种方法应用到表达性语言和接受性语言上。举个例子，我们在搭建玩具的时候，可以让孩子向我们索要玩具的部件，比如一根绿色的长棍子，或者一根红色的短棍子。通过这种方式，我们让孩子在表达性语言中大量地运用到了多重线索。如果你想要针对接受性语言，那么可以让孩子拿给你同时含有多重线索的特定物品。

当你在教学多重线索时，确保我们之前讨论过的所有动机元素都得到了很好的融合，加入孩子的选择、自然强化物、维持性任务和习得性任务穿插以及任务变换。千万不要让你的孩子一遍又一遍地重复练习多重线索。一定要使用任务变换及维持性任务和习得性任务穿插，也就是在几次单一线索之后加入多重线索。

强调区别性特征

减少过度选择问题的另一种方法是，帮助孩子把注意力集中在相关线索上。一个很简单的例子就是教字母。如果孩子在区分"b"和"p"上有困难，那么你可以把这两个字母的一竖拉长，帮助孩子更好地区分。这个理念就是先找出区分刺激的关键线索，然后把这个线索夸张化。当然，你需要逐渐和系统地消退被夸张的部分，使得孩子最终能够对原本的刺激做出正确的反应。通过这种方法，你可以教会孩子如何把注意力集中在相关的线索上。

常见错误

使用单一线索

人们在教学多重线索时犯的最大的错误是关于指令的"多重"这一部分。我经常看到治疗师只加入了一种颜色，就觉得自己在教多重线索了。举个例子，他们会准备很多颜色的球，然后说"拿绿色的球"来教学多重线索。现在请记住，多重线索必须包含颜色以外的线索。孩子必须区分颜色和别的因素（如物品）。所以，就上一个例子而言，你还需要加入多种颜色的毛绒球（或者其他想要的物品），然后让孩子给你绿色的毛绒球。你看,这样孩子就必须同时区分颜色和物品,这才是教孩子对多重线索做出反应的方法。

一旦孩子能够对两个线索做出反应后,你也可以再加入更多的线索。让你的孩子从一堆糖果中拿"三个绿色的小熊软糖"。你也可以提高难度,让孩子对四个或者甚至五个线索做出反应。但是,要记住一点,如果你的孩子才刚刚学会初语,或者对单一线索的反应还存在困难,那么多重线索的教学就需要延后。我们不希望任务太困难而让孩子丧失信心,变得沮丧!

第三章
归　纳

前因

　　现在你已经改变了前因。你挑选出了孩子最喜欢的事物，让他的动机可以达到一个很高的水平。当你设计了这些非常有趣，孩子也特别感兴趣的活动之后，你的孩子就不可能做出破坏性和不恰当的逃避行为。在这个时候，如果你给出指令，孩子就很有可能会成为一个积极的学习者。

行为

　　有了这些让他们无比兴奋的活动和物品，你的孩子给出反应的比例会很高。你很可能还会注意到，孩子非常愉快,反应更为频繁。同时,你还会注意到,孩子并没有想要从学习情境中逃离,他们变成了积极的高动机学生。

结果

当你的孩子给出反应之后,你需要对任何合理的尝试或者正确的反应给出自然强化物。这些自然强化物能帮助你孩子学习到,尝试困难的任务也会有一个积极的后果。这能帮助孩子巩固行为和后果之间的联结。如果你的孩子没有把自己的行为和后果联系到一起,那么他就会停止尝试。因此,确保孩子理解他的反应或努力能导致直接和自然的奖励是非常重要的。

当你把所有的动机程序结合到一起之后,孩子的学习速度会得到提升,因为他的反应越来越频繁,正确率也越来越高。锦上添花的是,孩子的幸福感也得到了提升——更愉快、更有兴趣,以及更高的集中度。因为孩子不再想要逃离干预环节,所以破坏性行为也减少了。最后,家长和老师也觉得 PRT 比传统教学方法更加有趣,因此,这对于每个人来说都是最佳的选择!

第四章
难点解答

提问：我给学生安排了代币系统，可以吗？

回答：我们每个人都在为代币而付出努力，不是吗？钱币就是一种代币，如果拿不到钱的话，我们很多人都不愿意去工作！但是对于自闭症儿童而言，实际上是对于所有的孩子而言，代币并不像自然强化物那样有效。同时，对于觉得有太多事情都非常有挑战的自闭症儿童来说，自然强化物是极为重要的。所以，我不会说每个行为都有对应的自然强化物，但是大多数行为都是有的。去设计一个融合自然强化物的项目的确需要更多的努力和创造力，但是看到孩子取得的巨大进步之后，你就会发现一切都是值得的。

提问：我的孩子在"全纳"课堂中学习，每晚都有必须要完成的家庭作业，根本没有"孩子的选择"的余地。我应该怎么办？

回答：有一些活动看起来无法融入孩子的选择，比如家庭作业或者家务，但是你可以提供一些选择。让孩子选择坐在什么地方写家庭作业，按照什么样的顺序完成家庭作业或家务，用什么样的工具（如某种颜色的钢笔或铅笔）写作业。我之前还让孩子选择在休息之前完成多少道题目！即使原本的活动对孩子来说并没那么有吸引力，也还是有很多种孩子的选择可以加进去。但是，如果孩子的老师允许你把动机元素融入到家庭作业中（很多老师都是同意的），那么整个结果会更好。

提问：穿插的活动需要有多大的不同呢？

回答：对于穿插时使用完全不同的活动和用比较类似的活动，究竟哪一个效果更佳这个问题，现在还没有足够的研究可以给出确切的答案，因此需要你根据具体状况做出判断。确保你对孩子进行了仔细的观察，如果你的孩子看起来对完全不同的活动反应更佳，那么就选择差异性较大的活动进行穿插。当然，如果穿插较为类似的活动更容易，而且孩子反应也不错，那么这种方法也是可行的。

总　　结

恭喜你！读到这里，你应该已经理解了针对自闭症儿童的动机（以及多重线索）概念。这些动机程序会给你的孩子带来完全不同的体验，让他变成一个更加快乐和热情的学习者。记住，把学习机会融入到每天的活动中是非常重要的！融入到一天的二十四小时里，以及所有的活动中。这样，你的孩子就会学到投入和反应是持续进行的，而不是只在老师给出指令时，在言语或语言教学环节中，或者当自己坐在课桌旁边时，才需要给出反应。把学习机会与孩子的日常活动进行结合对于你来说也更有趣，还会降低你的焦虑指数（记住，我们再也不希望你坐下来一遍又一遍地操练孩子），并且还能看到孩子取得非常大的进步。因此，准备好享受快乐吧！

参 考 文 献

Koegel, R. L., O'Dell, M. C., & Koegel, L. K. (1987). A natural language teaching paradigm for non-verbal autistic children. *Journal of Autism and Developmental Disorders, 17,* 187-199.

Koegel, R. L., & Koegel, L. K. (1988). Generalized responsivity and pivotal behaviors. In R. H. Horner, G. Dunlap, & R. L. Koegel (Eds.), *Generalization and maintenance: Life-style changes in applied settings.* Baltimore, MD: Paul H. Brookes Publishing Co.

Koegel, R. L., Koegel, L. K., & Surratt, A. V. (1992). Language intervention and disruptive behavior in preschool children with autism. *Journal of Autism and Developmental Disorders, 22,* 141-153.

Koegel, R. L., Camarata, S. M., & Koegel, L. K. (1994). Aggression and non-compliance: Behavior modification through naturalistic language remediation. In J. L. Matson (Ed.), *Autism in children and adults: Etiology, assessment, and intervention.* Sycamore, Illinois: Sycamore Press.

Koegel, L. K., & Koegel, R. L. (1995). Motivating communication in children with autism. In E. Schopler & G. Mesibov (Eds.), *Learning and cognition in autism.* New York: Plenum Press.

Koegel, L. K. (1995). Communication and language intervention. In R. Koegel & L. Koegel (Eds.), *Autism: Assessment, support, and trends.* Baltimore, MD: Paul H. Brookes Publishing Co.

Koegel, R. L., Koegel, L. K., Frea, W., & Smith A. (1995). Emerging interventions for children with autism: Longitudinal and lifestyle implications. In R. L. Koegel & L. K. Koegel (Eds.), *Teaching Children with Autism.* Baltimore, MD: Paul H. Brookes Publishing Co.

Koegel, R. L., Koegel, L.K, Carter, C.M. (1999). Pivotal teaching interactions for children with autism. *School Psychology Review.* 576-594.

Koegel, L. K., Koegel, R. L., Harrower, J. K., and Carter, C. M. (1999). Pivotal response intervention I: Overview of approach. *The Journal of the Association for Persons with Severe Handicaps. 24,* 3, 174-186.

Koegel, L. K. (2000) Communication in autism. *Journal of Autism and Developmental Disorders, 30*(3), 383-392.

Koegel, R. L., Koegel, L. K., & McNerney, E. (2001). Pivotal behaviors in intervention for autism. *Journal of Child Clinical Psychology, 30*(1), 19-32.

Santarelli, G., Koegel, R. L., Casas, J. M., & Koegel, L. K. (2001). Culturally diverse families participating in behavior therapy parent education programs for children with developmental disabilities. *Journal of Positive Behavior Interventions, 3,* 120-123.

Koegel. L. K., Koegel, Valdez-Menchaca, M., Koegel, R. L., & Harrower, J. (2001). Autism: Behavioral Manifestations and Intervention for Pivotal Responses. In M. Hersen & V. B. Van Hasselt (Eds.), *Advanced Abnormal Psychology: 2nd Edition,* (pp 165-189). New York, NY: Kluwer Academic/Plenum Publishers.

Koegel, R. L., Symon, J.B., & Koegel, L. K. (2002) Parent Education for Families of Children with Autism living in Geographically Distant areas. *Journal of Positive Behavior Interventions. 4*(2), 88-103.

Koegel, R. L., Brookman, L., & Koegel, L. K., (2003). Autism: Pivotal Response Intervention Parent Empowerment. *The Economics of Neuroscience, 5*(1), 61-69.

Koegel, R. L., Koegel, L. K., Vernon, T. W. & Brookman-Frazee, L. I. (2010). Empirically supported pivotal response treatment for children with autism spectrum disorders. In A. E. Kazdin and J. Weisz (Eds.) *Evidenced-Based Psychotherapies for Children & Adolescents: Second Edition,* (pp. 327-344). New York: Guilford Publications.

Koegel, L. K.., Koegel, R. L. & Brookman L. I. (2005) Child-Initiated Interactions that are Pivotal in Intervention for Children with Autism. In E. D. Hibbs & P. S. Jensen (Eds.), *Psychosocial treatments for child and adolescent disorders: Empirically based strategies for clinical practice (2nd edition)* (pp. 633-657). Washington, DC, US: American Psychological Association.

Koegel, L. & LaZebnik, C. (2004) *Overcoming Autism.* Viking Penguin.

Cosden, M., Koegel, L. K., Koegel, R. L., Greenwell, A., & Klein, E. (2006). Strength-Based Assessment for Children with Autism Spectrum Disorders. Research and Practice for Persons with Severe Disabilities. *Research and Practice for Persons with Severe Disabilities, 31*(2), 134-143.

Koegel, L. K. & Brown, F. (2007) Autism Spectrum Disorders: Trends, Treatments, and Diversity. *Research and Practice for Persons with Severe Disabilities, 32*(2), 87-88.

Bryson, S. E., Koegel, L. K., Koegel, R. L., Openden, D., Smith, I. M., & Nefdt, N. (2007). Large Scale Dissemination and Community Implementation of Pivotal Response Treatment: Program Description and Prelminary Data. *Research and Practice for Persons with Severe Disabilities, 32*(2), 142-153.

Koegel. L. K. & Brown, F. (2007). Autism Spectrum Disorders: Trends, Treatments, and Diversity. *Research and Practice for Persons with Severe Disabilities, 32*(2), 87-88.

Koegel. L. K., Koegel, R. L., Fredeen, R. M., & Werner, G. (2008). Naturalistic behavioral approaches to treatment. In F. Volkmar, A. Klin, & Chawarska, K. (Eds), *Autism Spectrum Disorders in Infancy and Early Childhood.* (pp. 207-242). New York: Guilford Press.

Koegel, L. K, Robinson, S., & Koegel, R. L., (2009) Empirically Supported Intervention Practices for Autism Spectrum Disorders in School and Community Settings: Issues and Practices. In W. Sailor, G. Dunlap, G. Sugai, & R. Horner (Eds.), *Handbook of Positive Behavior Support: Issues in Clinical Child Psychology.* (pp.149-176). Springer.

Koegel, R. L., Koegel, L. K., Vernon, T., and Brookman, L. (2009). Empirically Supported Pivotal Response Treatment for Autism. In J. Weisz and A. Kazdin, *Evidence-based Psychotherapies for Children and Adolescents.* New York: Guilford Press.

Koegel, L. & LaZebnik, C. (2009) *Growing Up on the Spectrum: A Guide to Life, Love, and Learning for Teens and Young Adults with Autism and Asperger's.* New York: Viking/Penguin,

Koegel, R. L., Vernon, T. & Koegel, L. K. (2009). Improving social engagement in young children with autism using embedded social reinforcement. *Journal of Autism and Developmental Disorders, 39*(9), 1240-1251.

Koegel, L. K., Singh, A., Koegel, R. (2010) Improving academics for children with autism using motivation. *Journal of Autism and Developmental Disorders, 40*(9), 1057-1066.

Koegel, L.K., Fredeen, R.M., Lang, R. & Koegel, R.L. (in press). Interventions for children with autism spectrum disorders in inclusive school settings. *Cognitive and Behavioral Practice.*

—— 第二部分 ——

应用动机程序教授自闭症孩子初语

第五章
现场检验

本书的内容已由专业人士在训练自闭症群体的渐进过程中进行了现场检验（field testing），并且根据反应和建议进行了调整。我们非常希望你能够认可本书对于孩子的帮助。

这部分内容适合谁

这部分内容适合所有涉及还未开始讲话的自闭症儿童的老师、家庭干预师、言语或语言治疗师、家长、家庭成员以及其他任何相关人士。

为什么选择PRT？

我们在前面已经介绍过关键反应训练（pivotal response treatment），它也称为关键反应疗法（pivotal response therapy），其英文简称都是PRT。PRT是一个针对婴幼儿、儿童、青少年以及成人自闭症谱系障碍的干预方法，而且它是有实证依据的。

"有实证依据的"听起来很复杂，其实简单来说就是指，有已开展的科学研究证明该技术是有效的。有许多研究可以证明PRT是有效的干预方法，这些文章发表在有同行评审的期刊上。这与随意写一本书或者在网上发表一篇文章来表达某项治疗的有效性，存在本质的区别。

"有实证依据的"还意味着，相关的实验研究采用了广为接受的科学设计，并且在研究报告写完后将其投递到已有的期刊上。此外，研究还会被一群同行进行评估，决定予以接受还是拒收。并且，即使是已经接受了的研究，通常也需要非常多的修整。这会是一个非常漫长的过程。

不管你信不信，有人确实估计过，从一项研究得以开展，到它在"实际生活"中得以运用，之间的过程可能会长达十年至二十年。这个过程非常漫长！但是，最重要的是，你现在知道了哪些实证支持的程序是有效的，因此你完全不需要尝试那些没有效果的技术。

现在，让我们回到PRT上。PRT的每一个组成部分都有单独开展的研究，并且也有针对将PRT的所有部分组合在一起的干预进行的研究。此外，这些研究不仅在PRT最初发展出来的加利福尼亚大学圣塔芭芭拉分校的实验室中开展，还在全世界各地非常多的实验室开展，这些实验室重复了最初的一些研究，并都证实了PRT的有效性。简而言之，你所选择的PRT方法在缓减自闭症症状上是有效的，对此有强有力的数据支持。

PRT的背景？

我们发展的 PRT 是对传统的应用行为分析（也就是 ABA）的延展和进化。虽然应用行为分析是有效的，但是很多孩子并不喜欢重复训练的练习形式，于是他们并没有努力变得更好，而是想着尝试逃离干预过程。意识到这一点之后，我们决定去寻找能够帮助提升孩子动机的程序——让他们想要学习。也就是，如果我们能够帮助孩子成为有动力的学习者，而不是做出各种破坏性行为，试图逃离干预过程，那么每一个人都会变得更快乐。孩子、老师、家庭成员，每一个人。而且，孩子学习到的东西也更多。因此，我们开始研究能够促进学习速度的技术——让孩子更集中、更有兴趣、更加快乐的技术。

我们开始了解到其实有很多不同的程序可以提升个体的动机。我们所说的动机，指的是孩子反应的速度更快；并且同等重要的是，经量表测量，孩子是更快乐、更有兴趣和更热情的。当研究了单个的过程——包括改善教学回合的呈现方式以及提供给孩子更好的奖励方法——之后，我们意识到，如果可以把所有这些单独的程序结合起来，可能就可以创造出一个尤为强大的干预方法。

我们最初的研究是关于沟通的，干预对象是不会说话或者词汇非常匮乏的自闭症儿童。通过将我们使用的动机技术与传统的结构化应用行为分析程序进行比较后，我们发现，两者的区别犹如白天和黑夜。加入了动机程序之后，孩子开始说出生平第一个词，并且似乎毫不费力。他们非常有兴致地参与到学习任务中，破坏性行为立即减少或者直接消失了。他们不再逃避干预环节，而是热情地参与其中。实际上，我记得我们曾经开展过一项研究，我们把应用行为分析和PRT这两种干预方法做了一个逆向设计，也就是个体接受一段时间的应用行为分析，再接受一段时间的PRT，如此反复几次。每次我们告诉治疗师需要开展应用行为分析干预的时候，他们就会开始抱怨。所以，不仅是孩子不喜欢这个干预环节，老师也不喜欢！

在初期，我们大多时候都称这种技术为"自然语言范式"，因为它非常适合在日常情境中执行——家里、学校里、社区内的外出时等。它不需要坐下来连续几小时重复训练孩子，而是通过使用动机程序，在自然情境中教学相同的沟通目标，整个操作看上去与正常发展的孩子学习语言的过程十分相近。因此，我们称之为"自然语言范式"，这种干预方法不仅有趣，而且有实证支持，同时孩子的学习速度也非常快。

一段时间之后，我们的技术出现了一些改变。首先，我们开展的其他一些研究发现，动机程序也可以应用于其他行为，并不仅限于沟通。其次，我们意识到使用了动机程序之后，孩子的学习速度得到了提升，并且我们未针对的其他行为也受到了广泛的积极影响。基于这些原因，我们开始讨论那些可以对很多不同领域造成积极改变的"关键"程序。因此，干预技术就变更为"关键反应治疗"或者"关键反应教学"。在这一部分，我们主要讨论使用动机这个关键领域教学初语的程序。

准备开始吧！

第六章
准 备 工 作

我应该何时开始干预一个
还不会说话的孩子呢？

　　也就是说，你现在遇到了一个还没有开始说话的孩子。那首先，我们会给出一些数据，供你参考孩子未来可能出现的状况。

　　如果孩子现在不足3岁，那么有很大的可能性他可以学会言语沟通。实际上，这个比率高达95%。如果孩子完全不会说话，并且在你开始干预时，孩子的年龄是3—5岁，那么这个比率会稍稍有些下降，大约有85%～90%还不会说话的3—5岁孩子在接受干预后可以学会说话。如果你的孩子已经超过了5岁，挑战的难度就升级了，大约只有20%该年龄段的自闭症孩子在接受干预后可以学会言语沟通。

因此,重点是:越早越好!当然,如果你的孩子已经超过了5岁,也不要灰心,因为确实有20%的孩子是可以学会言语沟通的。即使你的孩子最后没有学会言语沟通,也有可能学会使用替代性沟通系统进行沟通,例如,图片或者电脑程序。

做好准备

我并没有在包装事实。初语的习得可以被列为自闭症干预的一大难题。如果语言还没有萌芽,那么你的孩子就一定需要针对性的干预。这可能会花费一些精力,也需要重复提供机会。要记住的一个重点是,你的状态应该是积极和鼓励的。确保你的面部表情、声调以及总体的态度都是积极的。记住,开口说话对你的孩子来说是巨大的挑战,而不像对你而言是那么轻而易举的事情。如果你的状态是自我厌恶的、不开心的或者沮丧的,那么你的孩子也有很大的可能会陷入消极的状态之中。毕竟,谁愿意和一个不开心的人交谈呢?你与孩子之间建立的关系需要是积极和愉悦的,这样再配合动机程序,就可以让你自己变成一个快乐和愉悦的老师!

我该如何开始？

你要做的第一件事情就是收集基线（baseline）数据，或者简单来说就是，在你开始干预之前先去了解孩子的行为。有一些事情你可能需要了解一下。

首先，你的孩子是如何进行沟通的？他是不是长时间都不需要他人的帮助，总是在自己独自处理事情？他是不是不顾危险尝试爬到高处去抓自己想要的东西？他是不是总是自己去拿食物？请你就孩子独自做的事情总结出一个基线数据单。

其次，我们希望了解孩子的一些破坏性行为（如果有的话）。他是否很容易受到挫折呢？如果得不到自己想要的，他是否会尖叫和哭闹呢？他是否有攻击或者自伤的行为？很重要的一点是，如果你的孩子有破坏性行为也不要自责，就像新生儿不管干什么都哭一样，这是他们唯一的沟通方式。但是，最终他们能够学会使用语言，那时便不再需要哭了。这正是我们为什么一再强调要教孩子初语的原因。

接着，我们需要记录，你的孩子是否有让你帮助他做什么事情。是否有拉着你的手，引导你提供给他们想要的物品或者活动？比如，在他饿的时候拉你走近冰箱，或者在想要出门的时候拉你走到门边？或者，他有没有把你的手推向他想要的物品？他有没有指着物品？记下你的孩子用什么方式来获得自己想要的事物。

　　最后，还要记录其他一些行为，这些行为可能可以帮助你了解孩子的总体行为。我们需要一些有关孩子在做什么的信息。在几个不同的常规活动中（如在家里、学校或公园等地方进行的活动中），抽一段时间对他进行记录，比如抽出10分钟。在这段时间里，你的孩子参与重复刻板行为（比如摇摆、抖手或眼神放空）的时间占据多少呢？另外，你的孩子参与恰当的游戏（记住，把小汽车翻倒和不停地转轮子不算是恰当的游戏，他们应该以正确的方法玩玩具）的时间占据多少呢？还需要计数你孩子参与了多少种不同的活动——他在整个10分钟内只玩了一个玩具，还是期间更换了不同的玩具或者活动？最后，你的孩子是否在这10分钟的间隔中参与了任何社交性行为？他是否有靠近你，递给你什么东西？是否尝试让你参与到游戏中？是否有看向你或者坐在你的大腿上？是否有在学校或者公园里接近其他的小朋友？

　　好的，现在你已经收集到了一些重要的基线信息了，这将会成为你的一个起点。记住，即使你的孩子什么话都没有说，没有任何社交行为，并且做出了破坏性行为，你也不要失望。因为你正在阅读本书，你在努力学习如何改变这一状况。

　　看到这里，读者可以开始收集基线数据了！

第七章
教授初语

在你开始之前，必须记住的一个要点是，PRT 是在自然环境中执行的。你不需要把地下室清空，好让孩子与其他家庭成员隔离开来。你也不需要为孩子创造一个完全没有分心物的"无菌"环境。并且，最棒的一点是，你也不需要额外空出时间来操练孩子——之后我们会解释如何在自然的环境中提供教学机会。我们会通过教学让孩子知道，在一天之中，不管他去哪儿，沟通都是重要的。并且，我们希望你的孩子能够融入主流，因此我们希望他能够像正常发展的孩子一样参加所有的活动。你要像对待正常发展的孩子一样与他相处！

接下来，重点是每个人都要进行配合。如果学校不能参与，或者家长无法配合，那孩子就无法取得最大的进步。每个人都必须在同一条战线上，持续和合作的方法才能让你的孩子进步显著。这意味着，要采取随时能进行沟通的定期会议、邮件、电话、备注、数据表等任何需要的途径，因为配合至关重要。

动机概念和其他概念

PRT 的一些元素是通过协作起作用的,每一个元素从本质上来说都非常重要,都需要与其他的元素配合执行。当你在观察 PRT 的操作过程时,可能会觉得我们就像是在和孩子一起玩耍,享受游戏的快乐,是的,的确如此!但是,你也必须了解,我们在其中系统地执行了哪些元素,并且要知道我们是有目标的,为了让孩子取得进步,这些目标都是慎重设定和执行的。下面是我们在开始使用 PRT 教学初语时所涉及的基本动机程序。

(1)孩子的选择
(2)维持性任务
(3)自然强化物
(4)奖励尝试

你必须做一些事情来确保你可以得到孩子的最佳反应。这些事情都与下面三点息息相关:

(1)获得孩子的关注
(2)提供一个清晰的机会
(3)给出因情况而定的后果

我们将带领你逐个讨论以上每个部分，现在开始。

应用动机程序教授初语

孩子的选择

当你完成了"强化物调查"[1]（关于你的孩子喜欢什么），并且对你的孩子究竟喜欢什么有了比较好的了解之后，你就可以开始了。记住，孩子的选择可以是食物、游戏、活动等。评估孩子的选择的方法就是保持警惕，寻找孩子喜欢的物品和情境。你的孩子可能会在玩某种特定的玩具时，或者在你带他参加某种活动时笑了；他可能会伸手够物品，或者长时间盯着想要的东西；甚至可能会拉着你的手带你靠近他喜欢的物品或者活动。

有一个要点你需要记住，即使你有一长串清单记录着孩子喜欢的食物和活动，他的喜好也是每天，甚至每分钟都可能发生变化的。如果他刚刚吃过午餐，那么他也许就不会那么想要平时迫不及待想要吃的零食了。或者，即使孩子特别喜欢坐车，如果他刚刚已经坐了两个小时，那么他就不会对再次坐车有那么大的兴趣了。除此之外，还有其他的事项需要考虑……即使某个行为看起来是重复的，例如不停地开灯、关灯，我们也可以用它来促进语言。不用

---

[1] 泛指有目的地和系统地确定什么可以作为孩子行为的强化物的过程。——译者注

担心，你把它们当作奖励，并不会使重复行为出现的可能性增加。因此，请记住，兴趣是会改变的，你需要确保你选择的是孩子当下选择的物品或活动。

孩子的选择：案例举例

亚历克斯

亚历克斯还没有开始讲话，但他会花很长时间在房间里不停地转动车轮子。起初他的妈妈说，真的想不出亚历克斯能有什么"孩子的选择"。但是通过仔细地观察，她发现，亚历克斯最喜欢的玩具是八辆不同的小汽车，即使他一直都在转轮子，他也会更换玩具车来转。除了玩具车之外，他也很喜欢巧克力。如果妈妈在隔壁房间打开了一袋巧克力薯片，亚历克斯就会非常高兴地跑过去抓一大把。她还注意到，当她尝试让亚历克斯讲话时，亚历克斯就想要离开。不过这是没关系的，虽然我们更希望他能够喜欢互动，但是我们现在知道了，他有动力离开对他而言是困难的情境，这一点在干预环节中可以进行很好地利用。最后，亚历克斯非常喜欢公园，可以一次荡好几个小时的秋千。虽然这些孩子的选择看起来数量甚少，但实际并非如此，我们还是有很多可以利用的。

孩子的选择：成功与失败案例

> ✓ **成功的干预案例**
>
> 安娜是一个非常喜欢拼图的学前班孩子。虽然她只有两岁，也不会说话，但是她已经可以拼出比较复杂的拼图了。她特别喜欢字母嵌入式拼图，虽然这点看起来很像是狭隘的兴趣，因为大多数学前班的孩子不会好几个小时一直玩拼图，但是她的妈妈总是会拿不同的拼图让她玩。如果拼图是安娜的选择，那么我们就会使用拼图来进行干预。

> ✗ **失败的干预案例**
>
> 汤米非常喜爱火车玩具，可以花好几个小时把火车放在地板上来回推。这一点让他的妈妈很担心，因此她总是想要汤米参加别的活动。为了获得汤米的注意，她会说"看，汤米"，然后给他展示其他非常好玩，并且别的同龄小伙伴也在玩的玩具。汤米有的时候会抬起头看一眼，但大多数时候还是继续玩火车。有时候，妈妈会强迫汤米参加别的活动，然后把玩火车作为换个活动玩的奖励。虽然妈妈很努力地在扩充汤米的兴趣，但是她并没有使用到孩子的选择，并且汤米也对玩妈妈选择的玩具没有兴趣。

> 注意,这里可以进行"强化物调查"哦!

维持性任务

维持性任务是指孩子已经掌握的任务,而不是新的任务,也不是困难的任务。你需要将维持性任务与新的学习活动(习得性任务,在这里指的是学习初语)进行穿插。这一点非常重要,因为如果教学任务太难,孩子会从一开始就拒绝参与。没有人愿意被强迫参与困难的"习得性任务"而没有丝毫成就感。

为了保持孩子的动机,我们会把容易的维持性任务和困难的习得性任务进行穿插。并且,维持性任务的比例要比习得性任务高。虽然这个比例对于每个孩子来说都有可能不一样,但是有一些研究表明,对于每个习得性任务,可能要提供七个维持性任务进行穿插。

我们来讨论一下为什么穿插维持性任务可以增加孩子的动机。因为孩子在获得成功时更不容易灰心沮丧。加入很多容易的任务之后,你就保证了孩子的成功,这样在加入一些困难的任务之后,孩子就有信心去尝试,并且越来越努力地尝试。也就是一些人称之为的"行为惯性",这指的是个体在正确回答所有问题之后获得了能量,再遇到困难问题时,也可以"惯性"地去尝试。因此,确保你会加入容易的任务来保持孩子的动机。

维持性任务：案例举例

> 📁 **塞雷娜**
>
> 塞雷娜还没有开始讲话，但是她很喜欢击掌、玩电脑和看电视。我们确定了获得初语是她的习得性任务，并且我们会在教学初语的习得性任务中穿插一些维持性任务，比如击掌、玩电脑和看电视。

维持性任务：成功与失败案例

> ✓ **成功的干预案例**
>
> 詹娜喜欢音乐类的玩具。因为她还不会说话，所以我们就决定努力让她说出"音乐"这个词。然而，因为这是一个习得性任务，我们需要安排可以穿插很多维持性任务的情境。她似乎能理解一些词汇，比如"打开""推"和"翻"。于是，老师就决定把音乐玩具放在盒子里，这样詹娜就可以打开盒子（维持性任务）。当她打开盒子后，老师会让她转动旋钮（接受性的维持性任务），然后再提示说"音乐"。这样，维持性任务和习得性任务就得到了穿插。

> **✗ 失败的干预案例**
>
> 唐尼的老师非常希望唐尼能够开口讲话，于是她重复提示他讲话，而不顾唐尼沮丧的状态。因为说话对唐尼来说太过困难了，所以他尝试逃离干预环节，并且甚至拒绝尝试讲话。

自然强化物

自然强化物和孩子的选择是携伴而行的。具体来讲，我们要做的就是，提供一个与孩子的反应有着本质联系的自然强化物。这指的是，当孩子尝试说话的时候，我们会把实际的物品给他。这一点和过往我们一贯的做法截然不同，也与现在某些干预项目的做法存在差异。我们不会举着卡片让孩子说出卡片上的内容，然后奖励与之无关的零食。我们现在会收集孩子最爱的东西将之作为奖励，当孩子命名了该物品，我们就会立刻把该物品奖励给孩子。通过这种方法，孩子就能知道自己所说的词与得到的物品之间是存在联系的，这就体现了沟通的意义以及乐趣！记住，孩子学习到的是，如果自己尝试讲话，就会有好的事情发生！

自然强化物：案例举例

📁 乔伊

看起来乔伊喜欢的玩具并不多，但是他非常渴望糖果。如果糖果放在了他的面前，他会立刻离开座位想去抓糖果。或者，如果你稍不留神没有看着糖果，他就会趁机溜过来拿走糖果。因此，我们决定使用糖果来教学初语。我们拿着一块糖果，示范说"糖"，然后等待反应。起初，乔伊根本不理解我们的意图，他尝试了哭、抓和发脾气各种方法。实际上，他花了四周的时间想尽各种方法试图拿到糖果，但就是没有开口说话。大约四周之后，他说了一个很慢、很不自然的发音"ta-ang"，但是非常清晰连贯，并且有很好的眼神接触。当然，我们立刻给了他自然强化物，也就是那块糖果。

自然强化物：成功与失败案例

✓ 成功的干预案例

艾拉刚开始接受干预的时候，她完全不知道自己需要通过尝试说话来获得东西。她在没有大人的帮助时也能很好地行动，并且大部分时候都很独立。她的脾气很好，但是在她想要什么东西却无法得到时，她就会退回到婴儿期使用的沟通方式——哭。

刚开始干预时,她并不知道自己需要通过讲话来获得东西,因此每次无法立刻得到想要的东西时,她就会大哭。然而,有一天她看着我们,挥了挥手,说"拜"!她想要结束干预的过程,立刻离开,不再跟我们交流。虽然她的父母开了一个小时的车来做干预,但是作为她开口说的第一个字,我们立刻带她离开了大门,让他们回家。这样,她开口说的第一个非常重要的字就得到了自然强化物。

✘ 失败的干预案例

萨姆参加了一个传统的应用行为分析干预项目。因为他还没有开始讲话,于是老师收集了一堆印有学前孩子喜欢的图片的卡片,还准备了一碗糖果。老师举起了卡片想让他模仿图片上的词。萨姆很少回应,并且开始抓糖果。老师把糖果移到远处,再次举起卡片。萨姆说了一个接近的词,于是老师说"真棒",并且给了他一块糖果。虽然老师给出的奖励是即时的,并且是根据情况而定的,但是并不是自然强化物。虽然萨姆可能也是在学习,但是他学习的速度肯定不会很快,并且他肯定不会很喜欢卡片。此外,我们也不清楚他是否理解了物品和命名之间的联系。这个例子完美地解释了什么是非自然强化物。

自然强化物：评论

你可能不相信，但我们见过很多人没有为初语设定奖励。举个例子，约翰还不会说话，并且花了好几个月的时间才说了第一个字"推"，他想要在荡秋千的时候有人"推"。这个词的习得非常不稳定，每次都需要相当多的提示。有一天我去了约翰所在的学校，我看到他靠近操场助理老师，拉起他的手，几秒钟后说了"推"！但是那个操场助理老师却完全无动于衷，我被震惊了。我问助理老师是否会在孩子说"推"之后帮忙推秋千，她回答说"现在是我的休息时间"。我解释了一下这是约翰的初语，因此在每次说的时候都需要给予奖励（当然，需要是自然强化物），但是她仍然拒绝了。是的，她拒绝了，我没有在开玩笑。

奖励尝试

即使不完美，尝试也是好的。对于自闭症儿童来说尤其如此，这一点在教学初语时要牢记于心。很神奇的是，有一些孩子可以说出非常完美的初语，而有一些说的初语就只是言语尝试，发音也不尽如人意。但重点是，每一次和每一个尝试都要有奖励。这意味着，如果孩子在尝试说一个词，即使听起来并不完美，即使之前他能够说得更好，也应该立刻得到自然强化物。但是，这里不可以和"没有努力"

混淆了。有的时候，孩子完全没有努力也说出了正确的词，这不应该得到奖励。确保你奖励的是一次真正的尝试，不然你之后会遇到更多的麻烦（这一点请相信我）。

如果孩子做出一些重复行为、看别处、打哈欠等，那么他很可能是完全没有在努力。这一点在动机的概念中极为重要。奖励尝试会提升动机。奖励那些没有付出努力或能量的反应并不会提升孩子的动机。另外，从塑造的角度来理解强化物也很重要。也就是说，很多项目只会奖励那些好的，或者比前一次更好的反应，而这种严格的塑造过程并不能得到最佳的结果。当你在教学初语时，孩子的任何尝试和每一次尝试都应该得到自然强化物的热情奖励。

奖励尝试：案例举例

> **丹尼**
>
> 丹尼喜欢很多玩具，尤其是带音乐的，因此我们决定提示他说"music（音乐）"，并将此作为他的初语。一开始，在大人示范之后，他开始说"mu"，我们立刻复述完整的词"music"并且同时给他听音乐。他的每一次尝试都得到了奖励。最后，他开始说"mu-mu"，我们也给出了强化。偶尔，他也会只说单个音，我们也将之视为尝试进行了奖励。过了一段时间，他开始使用越来越多的词，并且发音也越来越清晰了。所有的尝试都能够得到奖励，这可以保持孩子的高度动机，鼓励他继续尝试说出词。

奖励尝试：成功与失败案例

✓ 成功的干预案例

胡安正在学习初语。当大人示范某些词的时候，他能够说出一些。但即使是一个词，他也需要大量的提示。大多数时候他根本不会给回应，并且在那些给了回应的词中，有90%都是不清晰的。但神奇的是，10%的情况中他能够说出完美发音的词。因为反应不稳定，于是我们接受他的任何尝试，只要是清晰的尝试。这么做维持了胡安的动机，并且慢慢地，需要提示的次数也减少了。一段时间后，胡安的发音也越来越清晰了，很快就完全掌握了！他理解了每个词都有自己独特的标签。虽然每一次尝试都需要你花时间和精力去奖励，但是最终都是有收获的。现在，胡安已经有了好几百个词的词汇量，并且都是可以清晰发音的。

✗ 失败的干预案例

JC才刚开始说一些词，其中有几个是清晰的，有几个却是非常难以理解的。他的老师觉得，他现在说出的所有词都应该是清晰发音的，因此她在JC说出发音清晰且完美的词之前，都在继续提示。于是我们看到了一个"消失爆发（extinction burst）"的现象，JC尝试了自己知道的

> 每个发音,但仍旧没有得到奖励,之后他就开始变得沮丧,慢慢地,他说的词就越来越少了。这就是一个不奖励尝试的例子,结果导致了我们所看到的孩子动机的降低。虽然看起来,让孩子变得更完美,或者要孩子在每一天都比之前做出更好的反应,是有帮助的,但是这并不能解决动机问题。每一次,每一个努力都需要得到奖励。

其他重要概念的应用

现在你已经了解了动机的概念，让我们接着讨论几个在教学中非常重要的问题。它们可能是显而易见的，但是你在执行过程中需要对这些要点进行评估打分，以确保你在执行 PRT 程序时考虑到了这几个点。

获得孩子的关注

你可能会觉得"这个也太显而易见了吧"，但是，有时候获得自闭症儿童的关注并不是一件容易的事情，尤其当孩子才刚开始接受干预时，他有很高程度的重复行为，经常放空发呆，或者有很多破坏性行为。

有很多种方法可以获得孩子的关注，但是最好的方法就是先尝试拿着孩子选择的物品，或者提供孩子最爱的一个活动。如果提供的是一件物品，那么你可能需要拿着物品摇一摇，或者拍一拍来获得孩子的关注。如果提供的是一项活动，比如说是挠痒痒，那你可以先做一个手势让孩子知道可以玩挠痒痒了。如果你愿意的话，也可以呼唤孩子的名字，没有得到回应也请不要担心。因为这个时候，有很多孩子都不对自己的名字做出回应。一旦得到了孩子的关注，你就需要立刻提供一个"清晰的机会"（很快就会说到它），不要犹豫，不然你可能会失去孩子的关注。

我们需要指出的一点是，说"看我"并不是得到孩子关注的好办法，因为通常没有与"看我"直接相关的自然强化物，这并不会提高孩子的动机。并且，我们一般也不会这么去交流，不会在想让孩子说话时说"看我"。记住，我们希望做的干预是能够提高孩子动机的，并且也是近似于自然环境的，这样才能让孩子在其他场景中也可以顺利使用新学到的词。

提供一个清晰的机会

在你获得孩子的关注后，应该立刻提供一个清晰的机会。因为孩子正在学习初语，所以你只需要示范物品或者活动的名称即可。注意千万不要加额外的东西。比如，你可能会说"说 ×"，但是根本就没必要说"说"字！这并不是孩子学习命名的方式，这只会混淆孩子。同样的，不要说"亲爱的，看看我给你拿的这个漂亮的新球球。我知道你很喜欢球，我觉得你会喜欢玩这个球的。你能说球吗？"如果你给出的教学机会不清晰，孩子就会混淆，学习的速度就会变慢。保证教学机会是清晰的，只示范你想要孩子模仿的字词即可。

给出依情况而定的后果

关于后果,有几个要记住的点,它们一定要是及时和值得的,而且也必须依情况而定。首先要及时,及时是指在孩子做出了一次清晰的尝试,或者说出了目标词汇之后,立刻给孩子想要的物品。不要出现浪费时间和无组织的情况。奖励的物品或者活动一定是要立刻就能用的。如果你在给孩子奖励之前耗费了太久的时间,那么孩子可能就无法理解自己所说的内容和词汇意思之间的重要联系了。

其次,后果必须是值得的。你的孩子很努力在说话,如果后果根本不值得那么努力,那么他可能就再也不说了。当然,我们不是说在孩子说出"饼干"之后,你就要给一块巨大的饼干,而是说如果你只给一小点饼干的话,他可能会觉得这不值得那么努力。同样的,如果孩子对着一个发光的玩具说"光"或者近似的词,那么确保你能让孩子玩足够长的时间,让他能够享受到玩玩具的快乐。有时候,一些老师只让孩子玩很短时间的玩具(甚至只有几秒钟),那可能就不值得孩子付出那么多的努力。关于这一点,并不存在一个经验法则,因为每个孩子都是不一样的。有些孩子对小的奖励反应很好,有些需要大的奖励才能保持动机。观察你的孩子,探索怎么样可以得到最佳和最多的反应,这对你给出后果也会有帮助。

现在,读者们可以对使用过的词汇进行数据收集啦!

概念的综合

现在你已经理解了每一个单独的概念,我们来讨论一下把这些概念放在一起的情况。首先,是孩子的选择。你需要收集尽可能多的、孩子真的非常喜欢的物品,通过举着让他无法抗拒的某个物品,来获得孩子的关注,从而创造出一个机会。当孩子渴望地看着物品时,你要示范决定对该物品使用的词,并且保持一贯性。然后暂停,等待孩子说出该词。接着,是奖励尝试和使用自然强化物。一旦孩子说出了这个词,或者做出了清晰的尝试,就要立刻把物品给孩子。是的,孩子已经有了初语,并且因为获得了想要的物品或活动而享受说出这个词的后果。此外,还要有任务变换。我们需要变换物品,避免让孩子进行重复枯燥的练习。在一分钟内至少提供一到两次这样的语言机会。

这听起来很容易,是不是?确实,对于一些孩子来说,这很简单,但是对于另一些孩子来说,一切都没那么顺利了。如果你的孩子没能顺利进行反应,那你可能需要增加一个中间步骤,或者甚至几个分层步骤。继续阅读,你可以了解到对干预过程中可能会遇到的多种困难的疑难解答。

现在,读者们可以自己评估一下执行效度!

第八章
难应付的孩子

回避型孩子

在刚开始干预的时候,有一些孩子很是逃避,似乎没什么东西能够让他们有动力学习。只要你接近他们,他们就会尝试离开这个区域,或者停止玩玩具,即使前一秒他们看起来还挺有兴趣的。这个时候你就需要有点创造力,你要意识到孩子的动机正是离开或者逃避你的注意或要求。

因此,这种情景下孩子最有动力学习的词就是涉及逃离任务的词,适合这个场景的词包括:"拜拜""走"或"完成"。教授这类词能够最大程度地调动孩子的积极性。实际上,我们也确实有一些孩子的初语就是"拜拜",其中有几个孩子甚至会加上挥手的动作。但是要记住,如果孩子说出了"走""拜拜"或者"完成",那么你就要立刻提供自然强化物让孩子离开。如果你没有这么做,那你可能就会失去让孩子获得该初语的宝贵机会。

如果孩子在一开始总是想要回避与社交相关的一切事情,那你也不要灰心。一旦孩子意识到这些其实很简单之后,下一次他就可能会参与得更久一些。之后,你可以增加一些词,当他说"拜拜"后,你可以提示说"打开",然后打开房间的门让孩子离开。当孩子靠近车时,在你开车门之前提示说"门",等等。也就是说,我们在逐渐增加词汇量。孩子的初语是什么并不重要,重要的是孩子能够开口说话。

无回应型孩子

偶尔,我们会遇到一些就是没办法学会说话的孩子。不管我们示范了多少遍词,孩子就是没有反应。对于这些孩子而言,有时候嵌入式词组会起到一些帮助。举个例子,我们在开始活动(比如给孩子推秋千)前,可能会说"一、二、三",然后开始活动。这种形式可以多次重复,这样孩子就能够预计到,在数到三后就会发生有趣的事情。然后,你就可以在数到"二"后稍微停顿一下,给孩子一个说出"三"的机会。如果事情按照我们的设想发展,那么孩子就会在每次得到机会时都说出"三"。

同样的,其他的嵌入式词组还有"预备,开始"。与前面的过程类似,你先说"预备",然后暂停,等着孩子说"开始",之后再开始孩子最爱的活动。类似于这样的嵌入式词组还有很多,你甚至也可以根据孩子喜欢的特定活动自行编造。

放空型孩子

得到一些孩子的注意会很难,拿着物品示范物品的命名可能不是对所有的孩子都有效果,因此,有时我们会用非言语提示来获得孩子的关注,例如挠痒痒、转圈圈、亲吻或者击掌。这些都可以暂时获得孩子的关注,如果我们可以趁机立刻给孩子言语提示,那么很多此前难以取得关注的孩子都可以习得语言。

有发音的孩子

我们也经常会看到一些孩子,虽然还不会说话,但是却能发出不少音。对于这些孩子,我们可以把音和物品进行配对。举个例子,如果孩子随机发了"ba"的音,那我们也许可以把这个音和"ball(球)"配对起来。每当孩子发出"ba"的音之后,都立刻给孩子球,或者在给出语言机会的时候做提示。仔细倾听并发现孩子可以发的音,然后将它们与近似的词配对,这对于孩子的初语习得非常有帮助。

音乐型孩子

你可能会难以相信,有些孩子的初语是在唱歌时产生的。我们之前见过一个非常可爱的孩子,每次他妈妈唱"咿呀——咿呀——"然后暂停的时候,他都会回"哟"。有些孩子可能在能够说出一个清晰的词之前,就已经能唱某首歌里的一部分了。这些都是非常好的开始,一旦孩子可以社交,可以唱歌词,这些词就可以和现实的物品或活动进行配对。

运动型孩子

如果物品没有对孩子起作用,那也许这些孩子能在运动类活动中有较好的反应。举高高、挠痒痒、荡秋千或者追赶跑等活动大多都比命名物体来得更有趣。一定要记住,孩子的初语是什么并不重要,重要的是有初语。

"一词永逸"型孩子

对于还不会说话的孩子来说，第一步是教他们，每个物品都有不同的名字。在教学的时候，很多孩子会开始尝试发音，我们也会对此进行奖励。有时候孩子明白，自己必须发音或者尝试通过说话来进行沟通，但却止步于此，企图一劳永逸。他们并没有在学习区分词汇。

解决这种难题有多种方法。第一种方法就是选出一种强化物，只在孩子做出不同反应时给出。也就是说，你奖励的是孩子的任意非单一尝试。通过这种方法，孩子可以学习到另一个词。在学习到第二个词后，你可以再增加一个，以此类推，直到孩子可以说出多个词汇。第二种方法是，你可以提示孩子发出更简单的音，比如动物的声音，或者只是吹气让气球飞上去，或者吹泡泡。那些较为简单的音可以帮助孩子理解每一个东西都有自己的名字。

乱发脾气型孩子

对于一些孩子来说，学习初语可能是非常令人崩溃的过程。我们必须承认，开始我们都是通过哭闹来获取想要的一切的，并且哭闹很有效。只要我们哭了，我们就能获得食物、拥抱，或者能够一起玩耍的机会。在我们很小的时候，这是我们唯一的沟通方式，并且非常奏效。但是，从某个阶段开始，我们就开始用语言替代哭闹了。而自闭症儿童在学习语言上没有那么容易，因此，这种哭闹的沟通方式就一直持续了下去。

其中最难的一个任务就是，让孩子知道哭闹是不管用的。这一点非常难，因为你希望孩子开心，看着孩子哭你会很心疼；也有可能你已经知道，给孩子他想要的东西就能让他停止哭闹。但不管是哪种原因，孩子都学习到了哭闹是有效的。此外，有可能哭闹的效果比付出很多努力学会说话的效果还要来得立竿见影。因此，我们教孩子讲话的其中一个要求就是，孩子的所有哭闹都不可以得到奖励，你需要忽略孩子的哭闹。

而且，就像你知道的那样，哭闹在变好之前经常会先经历变得更为严重的情况（这称为"消失爆发"）。所以，一定要坚持，记住你长期想要实现的目标。还要记住，孩子哭闹的时候可能会出现攻击性行为和自伤行为，这些都是尤其需要被忽视的行为。如果哭闹和攻击性行为奏效了，那么后面的问题只会越来越大。所以，请记得在孩子哭闹的时候一定要保持冷静，不要给回应，不要有反应，不要让那些行为变得有意义。这些行为一定要被忽视，这样孩子才能学到，这不是一种沟通的好方法。

第九章
从示范到独立的词汇

现在，你的情况是，孩子已经可以模仿你所示范的词了，并且他在兴致高昂地重复你的示范，因为他知道自己说话之后会得到喜欢的东西。因而也是时候进入下一个步骤了。我们希望孩子可以自行说出词汇，无需他人示范。有很多方法可以实现这一点，第一种方法就是"时间延迟（time delay）"。"时间延迟"，就如字面意思，你要做的是拿起一个物品，将之视为一个言语机会，等待孩子自发性地说话。不能等太久，否则孩子的注意力就会转移，但同时这个时间也要足够长，让孩子有机会可以自发性说话。通过这种方法，你就可以鼓励孩子独立和自发地使用词汇。

开放式提问也有助于促进自发性词汇的发展。除了示范词汇之外，你还可以拿着物品说"你想要什么？"，然后给孩子一个机会让他在没有言语示范的情况下说话。如果孩子说"要"，你就知道他只是在简单地重复你所说的话，并不明白命名的意义。这种情况下,你可以说"你想要什么?",然后命名物品。之后逐渐消退命名,可以小声说或者只说词的一部分,直到孩子可以在开放式提问之后说出词为止。也就是说,如果孩子想要一块饼干,你可以说"饼",而不是说"饼——干",你只需要给出一点提示。如果孩子只是重复你的提示"饼",那么你需要重新给出全部的提示,等到孩子可以对你的提问给出回答之后,再开始消退。

  提示可以是个别化设计的,最终你可能希望可以有时候做一些"时间延迟",另外一些时候问一个"开放式提问",让孩子可以学会对这两种情境的反应方式。

第十章
难 点 解 答

提问：让孩子开口说话需要花多长时间呢？

回答：如果孩子还很小，那这个时间是因人而异的。一些孩子在几天内就能学会初语，但是一些孩子可能要花一年的时间或者更久。不过一般来说，在持续几个月的干预后，孩子可以学会一些词，或者进行一些语言尝试。

提问：我有一个还不会说话的孩子，学校想要给他使用图片系统。你会建议这么做吗？

回答：没有证据表明，还不会说话的孩子在使用图片系统之后习得说话的速度会加快。实际上，研究表明，只用言语的干预方法教学初语，孩子学习的速度较快。但是，如果你的孩子已经超过了5岁，并且你在之前已经给孩子进行了高质量并且科学的言语干预，但仍旧没有效果，那么现在你可能需要考虑一下使用图片系统。

提问：我的班上有一个孩子看起来根本没有喜欢的东西。我怎么样才能找到孩子的选择呢？

回答：如果没有很多可以用来作为强化物的东西，那么向孩子教学沟通的过程肯定是更为艰难的。你可以考虑尝试动作类活动、食物，或者甚至是逃避类的词，例如"拜拜"。让孩子的父母进行一次"强化物调查"。了解孩子在家中是否有强化物也会对你有所帮助。

提问：我是一个家庭治疗师，正在教一个还不会说话的孩子。这个孩子唯一的强化物就是糖果，但是孩子的父母并不想让孩子吃糖果。对此，您有什么建议吗？

回答：请你一定要告诉孩子的父母使用糖果作为强化物的重要性，让他们至少能暂时允许这么做。我之前也遇到过类似的情况，有几个孩子只对糖果感兴趣，但是他们的父母却拒绝给孩子糖果，孩子就完全没有开口讲话。说实在的，从长远角度上来说，不能说话远比吃糖要更糟糕。因此，请你一定跟孩子的父母解释，孩子的选择有多么重要。

提问：我的孩子开始在家里说话了，大概能说二十多个词。但是老师说孩子在学校没有开口说话，并且老师也没有给孩子提供任何言语机会，我该怎么办？

回答：首先，把你的孩子在家说话的样子录成视频给学校的老师看，证明孩子是可以说话的。其次，老师提供言语机会的次数非常重要，因此，你可以给学校发一份数据表（词汇记录表）让他们每天都进行记录。我们知道给孩子提供言语机会是极为关键的，而在学校里给孩子的这种表达性沟通的机会却少之又少。

参 考 文 献

Koegel, L. & LaZebnik, C. (2004) Overcoming Autism. Viking Penguin.

Koegel, R. L., O'Dell, M. C., & Koegel, L. K. (1987). A natural language teaching paradigm for non-verbal autistic children. *Journal of Autism and Developmental Disorders, 17,* 187-199.

Koegel, R. L., Koegel, L. K., & Surratt, A. V. (1992). Language intervention and disruptive behavior in preschool children with autism. *Journal of Autism and Developmental Disorders, 22,* 141-153.

—— 第三部分 ——
教学初语：实用图表

每日数据表

你可以使用这份数据表来调查孩子的每日成长。

此外,你还可以每隔一周使用《沟通调查:初语》的数据表进行记录,这份表在后文中可以看到。

《每日数据表》空表

日期：　　　　孩子：　　　　记录者：　　　　场景：

✓表示正确反应或者良好的尝试　　×表示错误或者没有反应

目标1：对示范提示的反应率。列出目标词汇。

1　2　　3　4　　5　6　　7　8　　9　10　____

目标2：对开放式提问的反应率。列出目标词汇。

1　2　　3　4　　5　6　　7　8　　9　10　____

目标3：对时间延迟的反应率。列出目标词汇。

1　2　　3　4　　5　6　　7　8　　9　10　____

目标4：列出干预中的目标词汇，并且记录反应是否为近似发音或者词汇。

目标词汇	近似发音	清晰的词

干预笔记：

沟通调查：初语

你可以使用本数据表记录孩子在整体语言发展上的成长，每隔一周记录一次。

需要做什么？

- 在表格的开头填写信息。
- 在10分钟内提供至少20次语言机会。
- 计数你提供机会的次数,以及孩子给出反应的次数。
- 写下孩子所说的每个字(或者尝试说的音),包括任何模仿言语。
- 如果孩子对提示没有反应,在话语一栏打 ×。
- 在每一栏话语的右方,根据计分编码记录其类型。
- 将总的反应次数除以总的机会次数算出反应率。
- 计算每一种类型的话语所占的比例。

计分编码

P:有提示的反应。孩子模仿一个示范词或者词组。

SR:自发性的反应。孩子在他人给出的时间延迟或者开放式提问中独立地组织了话语。

I:孩子在没有任何提示下,主动地发起了话语。

E:模仿言语。

NR:无反应。孩子对语言机会没有做出任何反应。

《沟通调查：初语》示例

孩子姓名：布莱登　　　　日期：2014.10.26

记录者：布里塔尼　　　　情境：学校——自由活动

总的话语：	反应率：	%	机会（提示）：
	次数	比例	正 正 正 正
有提示的反应（P）	10	62.5%	
自发性的反应（SR）	3	18.75%	反应：
主动发起（I）	1	6.25%	正 正 正
模仿言语（E）	0	0%	
无反应（NR）	7	43.75%	

话语		话语		话语		话语	
---	NR	Bye	P				
Buh-buh	P						
Bubble（泡泡）	P						
Buh-buh	SR						
---	NR						
---	NR						
Jump（跳）	P						
Juh-	P						
Jump	P						
10 Jum-	SR	30		50		70	
Ah-done	P						
---	NR						
---	NR						
Ball（球）	P						
In	P						
Ball	SR						
Ah-done	I						
Oh-en	P						
---	NR						
20 ---	NR	40		60		80	

《沟通调查：初语》空表

孩子姓名：	日期：
记录者：	情境：

总的话语：	反应率： %		机会（提示）：

	次数	比例
有提示的反应（P）		
自发性的反应（SR）		
主动发起（I）		
模仿言语（E）		
无反应（NR）		

反应：

话语		话语		话语		话语	
10		30		50		70	
20		40		60		80	

孩子进展轨迹图

你可以将数据表中的数据转换成图表来追踪孩子的成长。

每个目标行为使用一张图表。

图表：示例2

孩子的姓名：

目标行为：对开放式提问的反应

正确率（纵轴，0–100）

试探（包括日期）（横轴，1–20）

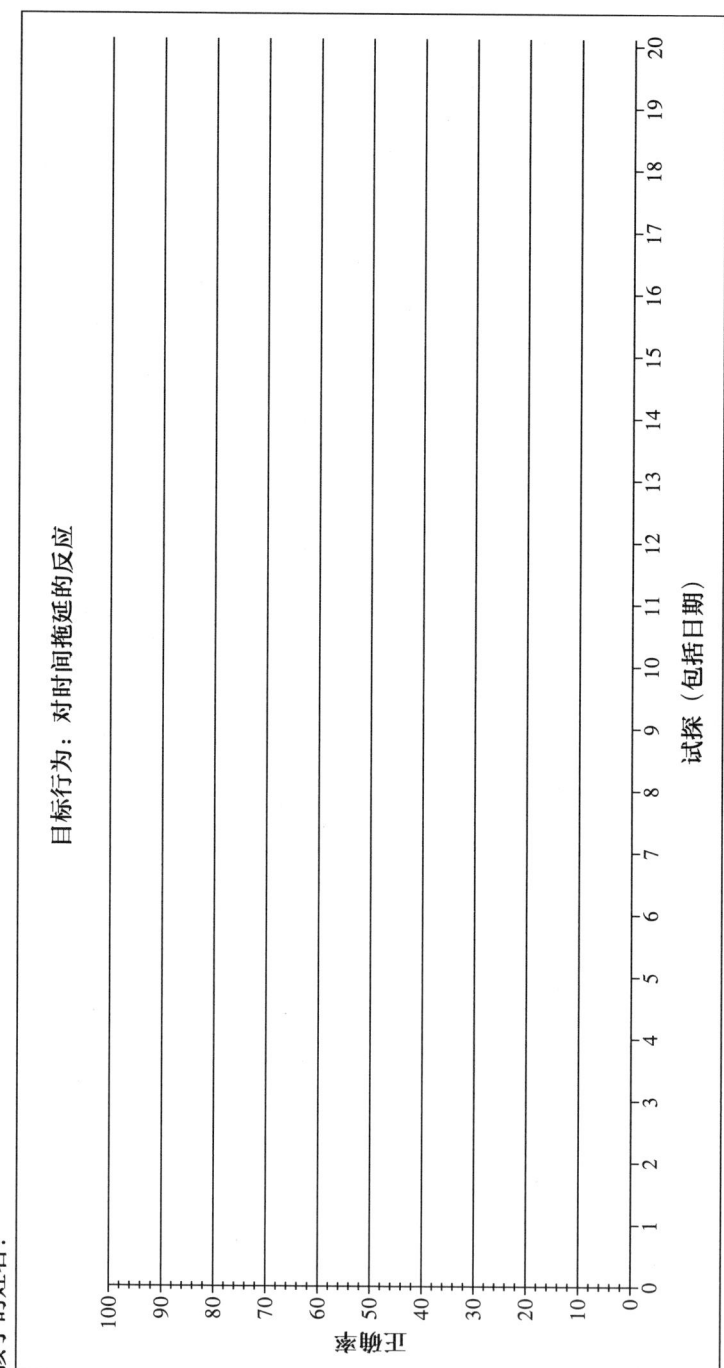

图表：空图

孩子的姓名：

目标行为：_____

正确率（纵轴，100 至 0）

试探（包括日期）（横轴，1 至 20）

相关图书推荐

自闭症儿童社会规则训练

Jennifer Cook O'Toole 著
倪萍萍 译

对于自闭症孩子来说，如何知晓正常人世界的社会规则尤为艰难。本书作者Jennifer O'Toole深知这一点，因为她就是其中一员。她自己也是三个自闭症孩子的母亲。她之前曾是个社会工作者，也在特殊学校担任过老师。她这本优秀的社交指南给了每一个自闭症孩子一把打开周围陌生而神秘的社交世界的钥匙。本书揭示了隐藏在复杂的社交关系下的秘密，如：如何交朋友，如何维持友谊，如何避免灾难性思维等。这本书举例生动，解释到位，还配有卡通说明，是自闭症孩子探索社交世界的必备秘籍！

给自闭症儿童父母的101个建议

Arnold Miller, Theresa C. Smith 著
柴田田 译　于素红 审校

作为自闭症孩子的父母，你想了解你的孩子吗？你想知道如何让孩子集中注意力吗？你想帮助他改变他的坏脾气、不合适的行为或交流障碍吗？本书基于对自闭症孩子认知和感觉需要的理解，给父母提供了很多解决自闭症孩子问题的策略，能让父母识别症状的原因、控制不当行为并促进其改变。

自闭症虽然是我们不能改变的事实，但我们依然可以通过自己的努力，使这些孩子过上正常的生活！

与自闭症儿童一起做游戏

Julia Moor 著　昝飞 译

游戏是儿童早期发展的重要途径，游戏的本质是玩与乐趣。很多研究表明，游戏能在很大程度上促进儿童的智商、情商及社交能力的发展。让自闭症儿童在游戏中体会乐趣，继而更愿意投入到游戏中，从而与人建立良好的沟通关系，提高社交技能，是本书的重心所在。

本书也可以让那些认可"游戏力"理念、正想着如何与自闭症孩子沟通的父母，找到更多的游戏方法和灵感！

自闭症儿童社交游戏训练
——给父母及训练师的指南

Brooke Ingersoll，Anna Dvortcsak 著
郑铮 译

自闭症儿童与其他大多数儿童不同，他们似乎生活在自己的世界里，不接受你的微笑或拥抱；身边的人会对你投来同情或责备的目光，它们刺痛着你的心……

但请你千万不要放弃，伸出你的手，放慢你的脚步，耐心学习，指导他成长……虽然，他可能不会一下变成你梦想中的样子，但他会一点点进步，会与你交流，会对你微笑，最终你会为他的成长感到幸福与骄傲！

给父母的婴幼儿活动计划
——如何利用每日活动发展孩子的社交和沟通技能

Deborah Fein，Molly Helt 等 著
倪萍萍 译

如果你想在孩子生命早期为他提供力所能及的丰富刺激，提供高质量的互动和陪伴，本书中的活动都可以帮助孩子学习新的社交和语言技能。

无论你的孩子有没有表现出一些令人担忧的行为，本书中的这些活动都是基于可靠的科学研究，在临床上尝试了成千上万个小时，对很多年幼孩子都有帮助。这些活动不会占用你忙碌的生活太多时间，因为这些活动均利用日常的照料和游戏安排——从孩子醒来到入睡，你有很多机会去发展孩子的语言和社交技能。

我们希望你和孩子能在这些活动中共同享受生命早期的快乐时光！

无论您是自闭症孩子的父母,还是从事特殊教育工作的专业人员,如果对书中的内容有任何疑问,请联系我们!如果您还发现了其他的针对自闭症孩子的好书,也请联系我们!让我们来共同帮助这些地球上的星星们!

咨询电话:010-65263875
读者信箱:1012305542@qq.com